Mama arbeitet bei der Stadt und
Papa ist Bäcker und Erfinder

Hermann Welp

Auf den Zufall vorbereitet sein und ihm eine Chance geben.

Schlaue Positionierung einer kleinen Bäckerei in Essen im Haifischbecken der großen Filialisten und Industriebackshops.

© 2019 Hermann Welp

Umschlag, Illustration: Doro Ostgathe

Lektorat, Korrektorat: Ulrich Ross

Verlag und Druck: tredition GmbH, Hamburg

ISBN

Paperback   978-3-7482-6946-5

Hardcover   978-3-7482-6947-2

e-Book   978-3-7482-6948-9

Das Werk, einschließlich seiner Teile, ist urheberrechtlich geschützt. Jede Verwertung ist ohne Zustimmung des Verlages und des Autors unzulässig. Dies gilt insbesondere für die elektronische oder sonstige Vervielfältigung, Übersetzung, Verbreitung und öffentliche Zugänglichmachung.

„*Mama arbeitet bei der Stadt und Papa ist Bäcker und Erfinder*" ist die Antwort meiner jüngsten Tochter beim Vorstellungstermin zum Maschinenbaustudium in Köln.

Bemerkt sei dabei, dass ihre Mutter Manuela Wirtschaft und Verwaltung studiert hat, einen hohen Position in der Stadtverwaltung bekleidet und keine Knöllchen an Falschparker verteilt – das ließ sie gänzlich unerwähnt.

Mit einem Vorwort vom Prinzipal des Mondpalastes in Wanne-Eickel und RevuePalast Ruhr in Herten, Christian Stratmann.

Widmung

Dieses Buch ist gewidmet meiner Familie, insbesondere meinen Kindern und Enkeln, die einen Vater oder Großvater erlebten, der nur wenig Zeit für sie aufbringen konnte.

Familiengeschichten leben vom Erzählten und Geerbten. Im Ruhrgebiet gibt es viele Geschichten von einfachen Leuten unter schwarzem Himmel, vom Zusammenhalt und Ehrlichkeit. Von Kumpeln, Metzgern, Bäckern und auch Wirten und vielen anderen. Die Einfachheit des Lebens nach dem Krieg und die Schwere der Arbeit. Bilder an den Wänden der Adligen zeugen von Geschichten, von Familien und Zeiten. In diesem Buch wird Geschichte erzählt, wie sie in meiner Erinnerung ist. Ich würde mich freuen, wenn meine Geschichten Teil dieses Familiengedächtnisses werden.

Hermann Welp, Mai 2019

Inhaltsverzeichnis

Vorwort.. 7
Das Leben... 10
Opa.. 12
Opa und ich... 31
Studium der Lebensmitteltechnologie................................... 48
Besuch in der DDR.. 52
Rückkehr in den heimischen Betrieb.................................... 57
Italien... 72
Sorgfalt schafft das Besondere... 81
Meine Türken.. 86
Erdbeerzeit – gute Zeit... 89
Auszeichnungen... 93
   Laudatio.. 99
Auf dem Lippenshof.. 105
Besuch bei Dr. Hermann Bühlbecker................................... 107
Brogsitter.. 113
Auf den Märkten.. 114
   Kettwig... 114
   Rüttenscheid, ein Markt und viele Freunde................... 116
   Moers.. 120
   Markterlebnis in Heiligenhaus.. 123
   Die Jugend holt mich ein.. 125
   Dame mit Hund... 127
   Alte Dame.. 128
   Begegnung mit Geheimnis.. 130
   Von einer Chinesin lernen... 132
   Amtsärztin... 136
Wochenmarkt und Marketing... 140
Marketing... 142
Otto Rehagel.. 149
Ministerpräsident Laschet.. 152
Stefan Stoppok... 155
Rudi Löffelsend.. 156
Vorlesen... 157
Nachmittagsmärkte.. 159

Nachfolge 160
Projekte 161
Gebäck der grünen Hauptstadt 164
Rot Weiss Essen und die Essener Chancen 166
Besuch im Hotel Handelshof 169
Weltkulturerbe Zeche Zollverein 173
Wehmut 175
Konstanten im Leben 177
Kirche und Glaube 179
Ende 182
Steigerlied 184
Der Autor 186

Vorwort

Ist es normal, dass mich die Einladung, zu Hermann Welps autobiografischem Buch ein Vorwort zu schreiben, mit Wehmut erfüllt? Sind wir beide wirklich schon so alt, dass es für einen Lebensrückblick reicht? Das Foto auf dem Personalausweis beweist: Die Fassade bröckelt, doch innerlich fühlen wir uns so jung wie früher.

Früher – das war in den 1960ern. Damals haben wir gemeinsam die Schulbank gedrückt. Heute sind wir der Bäcker und der Prinzipal. Und hecken nach wie vor am liebsten verrückte Ideen aus. Hermann Welp und mich verbindet eine Freundschaft, die seit Jahrzehnten hält. Dabei haben wir uns zwischendurch lange Zeit gar nicht gesehen. Doch als wir uns wiedertrafen, da war es so als hätten wir uns erst gestern voneinander verabschiedet.

So unterschiedlich unsere Berufswelten auch sein mögen: In dem Wunsch, Neues zu erschaffen und Menschen zu begeistern, sind wir uns sehr ähnlich. In die Wiege gelegt war es uns nicht, als Hermann und ich die damalige Fachoberschule für sozialpädagogische Berufe in Essen besuchten. Danach verloren wir uns aus den Augen. Ich ging zum Jahreszeiten-Verlag nach Hamburg, Hermann in die Backstube des elterlichen Betriebes.

Viele Jahre später entdeckte er mein Bild in der Zeitung – sie porträtierte mich als Initiator und Mitgründer des Europahauses. Hermann griff sofort zum Hörer, und mein Herz machte einen Sprung: Endlich ein normaler Mensch in diesem Tollhaus! Wir trafen uns zum Kaffee, fühlten uns jung wie nie. Am Nebentisch lächelte der Travestie-Star Mary. Diese Momente werden mir für immer unvergesslich sein.

Seitdem halten wir Kontakt. Hermann ist Ehrengast in meinen Palästen, und ich bin Kunde an seinem Stand auf dem Rüttenscheider Wochenmarkt, wo ich auch wohne. Vor kurzem erst hatten wir großen Spaß, den Gästen etwas zu kredenzen, was es nur in Hermanns Backstube und meinem Volkstheater Mondpalast gibt: die „Mond-Palätzchen". Für diesen Theaterspaß zum Aufessen hat Hermann mir sein Spezialrezept zur Verfügung gestellt, „Pasta di Mandorla", eine Gebäckspezialität aus Mandeln und anderen wertvollen Zutaten, die er 2004 auf einer Reise nach Sizilien entdeckte.

Das sagt viel über Hermann aus. Mit offenem Herzen bereist er die Welt und bringt ins Ruhrgebiet mit, was ihn begeistert. Dabei ist er großzügig und teilt seine Ideen gern. Das nötige Quäntchen Glück gehört auch zum Erfolgsrezept. Mit „Pasta di Mandorla" legte er schließlich den Grundstein für seine italienische Backstube. Dort entstehen die „Dolci Welpino", für die die Essener Marketing-Gesellschaft Hermann den „Tacken" verlieh, einen Ehrenpreis für pfiffige Erfolgsideen. Auch ich darf mich für den Mondpalast mit einem „Tacken" schmücken. Noch etwas, das uns verbindet.

Auch deshalb reicht unser Gesprächsstoff noch für die nächsten 50 Jahre. Mit seinem inhabergeführten Handwerksbetrieb und seiner unerschöpflichen Kreativität ist Hermann Welp einer, der meine Wahlheimat Essen lebenswert macht, der uns süße Verführungen serviert und immer wieder überrascht. Hermann, lieber Freund, das sind richtig gute Zutaten für ein schönes

Leben. Ich wünsche uns, dass wir es noch lange gemeinsam genießen können, und deinem Buch viele vergnügte Leser.

Christian Stratmann

*Prinzipal des Mondpalasts von Wanne-Eickel
und des RevuePalasts Ruhr*

Christian Stratmann

Das Leben

Das Leben ist so lang wie ein Metermaßband. Schneidet man an der für einen selbst bestimmten Stelle ab, so sieht man schnell, wieviel Zeit noch bleibt. Um diese Zeit geht es. Sie ist mit buntem Leben zu füllen. Dafür kann jeder etwas tun. Die zurückliegende Zeit kann man nicht mehr verändern. Sie dient der Betrachtung und der Erinnerung an Geschichten und Begegnungen, die wertvoll und lehrreich waren. Im Leben gibt es vereinfacht vier Begriffe die gemeinsam verbunden zum Erfolg führen. Es sind die Begriffe Neugier, Ernüchterung, Ausdauer und Erfolg.

Man wird als Kind mit einer großen Portion *Neugier* in diese Welt geboren. Wenn man sich diese Neugier bis ins hohe Alter erhält, so hat man eine wichtige Voraussetzung für ein spannendes Leben erfüllt. Aber es reicht eben nicht der Eine.

Der zweite Begriff ist die *Ernüchterung*. Aktionen, aus Neugier und Begeisterung geboren, kommen im Umfeld nicht so an, wie man es sich wünscht. Schnell macht sich Ernüchterung und Enttäuschung breit. Viele Menschen verfallen an diesem Punkt in Traurigkeit, manche gar in Schockstarre. Sie richten sich in eine Opferrolle regelrecht ein. Immer sind die Anderen schuld. Man sucht immer nach irgendwelchen Ausreden.

Der dritte Begriff ist die *Ausdauer*. Sie beschreibt die Geduld, das Kämpferherz und die Überzeugung in der Sache richtig zu liegen, trotz der Ernüchterung. Neugier und Überzeugung gepaart mit der Ausdauer ist das Geheimnis jedes Erfolges. Menschen, die diese drei letzten Begriffe zusammenführen können, haben im Leben *Erfolg*. Das ist mein vierter Begriff. Der

Erfolg drückt sich nicht zwangsweise in Euro aus, sondern durchaus auch in vielen Fällen in positiven Tugenden wie Selbstwert, Selbstbewusstsein, Sympathie, bei manchen eben auch in Euro. Im Leben durchläuft ein Mensch durchaus mehrfach diese Phasen von Neugier, Ernüchterung, Ausdauer und Erfolg.

Nach dem ersten Mal weiß er wie es geht und ist zuversichtlich es wieder zu schaffen. Es gibt Menschen, die verharren zwischen den ersten beiden Begriffen. Sie führen ein unglückliches Leben. Noch schlimmer wird es, wenn man im zweiten Begriff der Ernüchterung verharrt. Hier können nur noch Profis beratend eingreifen. Solche Menschen sind oft seelisch krank. Anhand der Betrachtung habe ich alle Begriffe für mich eingesammelt. Das war nicht immer einfach, nein, oftmals war es steinig und schwierig, aber ich habe es geschafft. Heute wirft mich so schnell nichts um. Gelassen umschiffe ich Schwierigkeiten, die sich vor mir aufbauen. Krisen und Niederlagen sind für mich nicht mehr existent. Alles sind vielmehr Ansporn und ein Angebot von sich stellenden Chancen. Diese Chancen möchte ich beim Schopf fassen. Meine Geschichte erzählt davon an vielen Stellen. Ich wünsche Euch viel Spaß beim Lesen. Vielleicht gefällt Euch die eine oder andere Geschichte besonders gut. Verratet es mir bitte.

Opa

Man schreibt das Jahr 1911, als zwei Brüder Hermann und Wilhelm Welp aus Nortrup im Kreis Bersenbrück sich aufmachten, um im Ruhrgebiet, das durch die Zechen immer mehr Menschen eine Heimat bot, zwei Bäckereien zu gründen. Nur drei Kilometer entfernt, der eine in Bergerhausen in der Nähe der Zeche Ludwig, auf der Rellinghauser Straße. Der andere in der Oberstraße, in der Nähe der Zeche Langenbrahm in Rellinghausen. Mein Opa Hermann senior ist am 30. 12. 1882 geboren. Es war also zu einer Zeit, als die Familien noch mit dem Vieh unter einem Dach wohnten. Sie schliefen nicht in Schlafzimmern, sondern im Stall, wo die Kühe die Luft wärmten und wo über einer offenen Feuerstelle gekocht wurde. Schinken hingen von der Decke im Rauch und wurden so haltbar gemacht. Es war eine bewegte Zeit. In Rom regierte Papst Leo XII.

Robert Koch entdeckte den Erreger der Tuberkulose. Der erste Standkorb wurde in Warnemünde an der Ostsee gefertigt, und Werner Siemens erfand das „Elektomote", ein Gefährt wie ein Auto, an einer Überlandleitung geführt. Alles Dinge, die noch gar nicht so lange her sind.

Das Ruhrgebiet und insbesondere Essen stand für Industrialisierung und Aufbruch in der damaligen Zeit, in der noch Kaiser Wilhelm II regierte. Nortrup war eine Dorfgemeinde, geprägt durch Landwirtschaft, aber auch durch Mangel an Arbeit für die vielen Kinder, die damals in der Familie lebten. Die Vorfahren waren Torfstecher oder Heuerleute in Diensten der Großgrundbesitzer. Sie bekamen ein kleines Häuschen und etwas

Land für die eigene Nutzung. Die Arbeit war schwer und das Leben trostlos.

Vorwiegend wurden in Handwerk oder Landwirtschaft gelernt. Schreiner, Klempner, Bäcker, Müller und so weiter waren die vorherrschenden Berufe. Arbeit war jedoch nicht für alle da. Hermann und Wilhelm hatten noch sechs weitere Geschwister. So wurde der Raum eng und sie zogen ins Ruhrgebiet.

Das Haus in der Rellinghauser Straße 284-286 kaufte mein Opa Hermann Welp und richtete einen kleinen Laden und eine kleine Backstube ein (Bild auf Seite 14). Doch wie sah diese Backstube zu dieser Zeit aus? Ein Raum mit 55 Quadratmetern. Ein gemauerter Ofen war das Herzstück. Das Mehl wurde in 100-Kilogramm-Jutesäcken angeliefert. Es gab damals noch viele Mühlen in der Region. Die Küppersmühle aus Duisburg gehörte zu den größten. Zwei Herrichtungstische mit Holzauflage, damit die Teige nicht auskühlten, gehörten zum Standard. Eine Teigmaschine, Hubkneter genannt, ersparte den Bäckern das mühsame Kneten des Teiges mit der Hand. Eine Waage und einige Kleinigkeiten, mehr brauchte es nicht. Alles andere war Handarbeit. Der 8-Stunden-Tag war Utopie. Die Arbeitsabläufe bestimmten den Rhythmus. Der Bäcker brauchte nicht um Kunden zu buhlen. Wenn Brot und Brötchen gut waren, florierte der Laden.

Schade, dass der heutige Kunde die handgemachten Brötchen nicht mehr kennt. Wir sind heute wahrscheinlich eine der letzten Bäckereien, die das so praktizieren. Unsere Brötchen kann man am nächsten Tag auch noch aufbacken. Was heutzutage bei Backshops hergestellt wird, hat mit Qualitätsback-

Rellinghauser Straße 286, im Jahre 1919

waren nichts mehr zu tun. Die Chemiecocktails befeuern allerhöchstens nur die Allergieanfälligkeit der Bevölkerung. Opas Geschäft wurde gut frequentiert und bald danach drohte der erste Weltkrieg 1914 bis 1918, geprägt von Hunger und Arbeitslosigkeit. Es war auch der Nährboden für den zweiten Weltkrieg und Nationalsozialismus. Im ersten Weltkrieg war Opa Hermann eingesetzt. Er kam zurück und konnte den Betrieb wieder führen. Auf alten Fotos kann man noch erahnen, wie Bäckerei damals ging. In einem Hühnerstall im Hof wurden Hühner gehalten. Die sorgten täglich für die zum Backen benötigten Eier.

In einem Schweinestall wurden immer sechs Schweine gehalten, die mit den Resten aus Backstube und Laden gefüttert wurden. Ein großes Fest war das Schlachtfest im November oder Dezember. Es kam immer ein Metzger, der die Tiere schlachtete und auch zu Wurst verarbeitete. Es gab keine Transporte, die die Tiere stressten. Nachdem die Ställe leer waren, wurden sie gekälkt. Erst danach wurden neue Ferkel eingestallt. Für die Kinder war das immer eine besondere Gaudi mit den kleinen Schweinchen. Es wurde so etwas wie ein Kreislauf geschaffen.

Abfälle aus der Bäckerei wurden wertig umgesetzt. Das Fleisch und die Wurst, die nicht in der Familie benötigt wurde, bekam der Metzger nebenan. Die Mitarbeiter meines Opas wohnten immer im Haus. Kost und Logis wurde mit dem Lohn verrechnet. Die Arbeit war nicht leichter, aber stessfreier. Gearbeitet wurde solange bis alles getan war. Die Uhr spielte eine untergeordnete Rolle. Der Zusammenhalt war stark und die Firma eine große Familie.

Alte Backstube, die geradezu nach Handarbeit schreit

Der Lehrling Hans Scheele wohnte in Burgaltendorf, ungefähr acht Kilometer entfernt. Schon damals eine Entfernung, die zu Fuß nur zum Wochenende bewältigt werden konnte. Da auch oft Sonntagsdienste angesagt waren, sah Hans seine Familie nicht sehr oft im Jahr. Er hatte jetzt die Familie Welp und war Teil der Gemeinschaft. Später hat er einen Schuhgroßhandel in Coburg erfolgreich geleitet, kam aber immer bis zu seinem Lebensende die Firma Welp besuchen. Von ihm hörte ich den Satz Jacob Venedeys: „Schaffen und Streben ist Gottes Gebot, nur Arbeit heißt Leben und Nichtstun den Tod". Viel Wahres auf den Punkt gebracht. Man wusste wo seine Wurzeln waren.

So ging es vielen unserer ehemaligen Auszubildenden. Otto Brenci, ein italienischer Junge, dessen Familie auch in Bergerhausen in einfachsten Verhältnissen wohnte, war ein ganz lieber Lehrling meines Opas. Er freundete sich mit meinem Vater schnell an. Otto war der ältere von Beiden und brachte meinem Vater viel erlerntes bei. Sicher war auch viel Schabernack dabei. Da der Lebensmittelpunkt der Arbeitsplatz war, verbrachten die Beiden viel Zeit miteinander und legten den Grundstein für eine lebenslange Freundschaft. Oftmals besuchte uns Onkel Otto in Essen und manchmal waren meine Eltern auch in Bozen, wo Otto seine Heimat gefunden hat. Seine Frau, eine Südtirolerin, führte dort eine Frühstücksbar, wie man sie in Italien an jeder Ecke findet. Er war Gebietsleiter für Thommys Mayonnaise in Norditalien. Ich habe ihn immer bewundert. Er fuhr immer den neuesten Alfa Romeo, war chic gekleidet und hatte 1-a-Manieren. Er wollte mich immer gern nach Juventus Turin holen, nachdem er von meinen Qualitäten im Fußball gehört hatte.

Da übertrieb er natürlich, aber gerade das gefiel mir gut. Auch ich besuchte ihn in Bozen mit meiner Familie. Seine Herzlichkeit und Gastfreundschaft werde ich nie vergessen. Er zeigte uns die Schönheiten seiner Heimat und zeigte sich immer sehr großzügig. Leider ist er vor einigen Jahren verstorben und in Bozen beerdigt. Sein Grab zu besuchen ist ein großer Wunsch, den ich mir in nächster Zeit erfüllen möchte.

Während des Zweiten Weltkrieges war mein Opa bemüht, ein Grundstück der Geschwister Schley zu kaufen. Dieses Grundstück lag direkt hinter unserem Betrieb. Für uns wäre es zum großen sehr vorteilhaft gewesen, denn man hätte von hinten eine

Zufahrt zur Backstube gehabt. Das hätte für Lieferungen einiges erleichtert. Wir hätten mit dem Auto vor die Bäckerei fahren können. Die Geschwister Schley bildeten eine Erbengemeinschaft, von denen ein Bruder in Amerika lebte. Alle in Deutschland lebenden Geschwister waren sich einig und wollten verkaufen. Der Bruder in Amerika blieb stur. Er stimmte nicht zu und war gegen den Verkauf. Später durfte das Gelände bebaut werden und die Familie Welp wäre wohl aus dem Schneider gewesen. So wurde aus dem Traum nichts.

Drei Kinder gingen aus der Ehe mit meiner Oma Maria hervor: Maria, Hermann und Heinz wurden im Geschäftshaushalt groß. Hermann und Heinz erlernten das Bäckerhandwerk. Maria wurde Verkäuferin, später in ihrem eigenen Geschäft in der Weserstraße. Heinz, der jüngste Sohn, bezog eine Wohnung mit Backstube und Geschäft in Duisburg-Neudorf und gründete mit seiner Frau Päule eine große Familie. Sohn Hermann übernahm das Regiment in der Rellinghauser Straße 286 im Jahre 1961.

Heute ist der erste Weltkrieg 100 Jahre her. Die Republik wurde in Berlin ausgerufen und die Weimarer Republik entstand. Wo sie endete, wissen wir auch. Der verheerende 2. Weltkrieg hinterließ die Städte in Schutt und Asche. Die Bevölkerung hungerte und erst nach dem Krieg, als der Wiederaufbau die vordringlichste Aufgabe war, hatten die Menschen auch wieder Lust, die Feste zu feiern. Zunächst in der Familie. Namenstage, Geburtstage und Jubiläen, Hochzeiten, Taufen und auch Beerdigungen. Alles lebte wieder auf.

Dazu wurde natürlich der Bäcker benötigt. In den Wohnungen standen Kohleöfen mit Platten, auf denen man kochen konnte.

Viele dieser Öfen besaßen keine Backröhren und so war man beim Backen auf den Bäcker angewiesen. Einen Kuchen zu kaufen war viel zu teuer. Aus einer Rezeptur wurde also ein Teig erstellt, in eine Form gegeben und mit einem Tuch abgedeckt, mit einem Zettel mit Namen und Anschrift versehen und ab ging es zum Bäcker an der Ecke. Der verfügte über einen großen, meist noch gemauerten Ofen. Diese Öfen waren für die Ewigkeit gebaut und noch sehr lange im Betrieb. Der Bäcker buk den Kuchen gegen ein kleines Entgelt.

Oft jedoch war das Ergebnis nicht nach den Vorstellungen des Kunden. Das lag meistens an den fehlerhaften Rezepten oder Zusammenstellungen. Diesen ganzen Vorgang nannte man Lohnbäckerei. Was nach dem ersten Weltkrieg funktionierte, sollte auch nach dem zweiten Weltkrieg funktionieren. Ich weiß noch wie oft mein Opa schimpfte, wenn Kunden Backpulver vergaßen oder zuviel Zucker in den Teig gegeben wurde. Der Kuchen ging entweder nicht auf oder wurde schwarz, weil oft in den Haushalten keine vernünftige Waage zur Verfügung stand. Ein undankbares Geschäft, was schließlich endete, als wieder Backöfen in den private Küchen zur Verfügung standen.

Das war Backromantik pur und ist heute unvorstellbar. Übrigens funktionierte das im Osten Deutschlands bis zur Wende ganz genau so, wie mir meine Verkäuferin bestätigte.

Opa hatte alle Errungenschaften der Zivilisation sehr früh. Fernseher, Telefon und das Auto waren zu der Zeit längst nicht selbstverständlich. Er dachte nach vorn.

Meine Oma mütterlicherseits hatte eine Gastwirtschaft. Auch hier gab es einen „Schalter", an dem die Kunden ihren Haustrunk abholen konnten. Reiche Leute besaßen einen verzierten Tonkrug, wo ein oder zwei Liter hineingingen. Meistens wurde von der Mutter die älteste Tochter, wenn vorhanden, damit beauftragt, das Bier für den Vater abzuholen. Warum die Tochter? Die Mutter hatte Angst, dass der Vater erst sehr spät oder gar nicht wiederkam. Am „Schalter" war eine Klingel angebracht. Über den Tresen ging alles, was die Kneipe bot. Bier, Zigaretten, Zigarren (damals noch sehr begehrt) und natürlich Schnaps. Bei meiner Oma war der über Kupferdrehs Grenzen hinaus bekannter Quellpüter der Renner. Es war ein Kräuterschnaps, den, wenn man der Legende glaubt, sogar vom Hausarzt gegen Magenkneifen empfohlen wurde. Der Quellpüter wurde nach einer geheimen Rezeptur von meiner Oma zusammengestellt und sogar Pferden bei einem aufgeblähtem Bauch verabreicht. Auch über die Gastwirtschaft meiner Oma könnte ich sicher ein Buch schreiben, und ich bleibe lieber bei der Bäckerei.

Man darf sich die Jahre nach dem Krieg nicht so vorstellen wie in den heutigen Zeiten. Gleichberechtigung zwischen Mann und Frau gab es nicht. Gleichstellung von Lesben und Schwulen war undenkbar. Wenn die Frau arbeiten wollte, musste der Mann das vorher genehmigen. Man wurde noch schuldig geschieden. Eine schuldig geschiedene Frau war praktisch mittellos. Die Menschen waren noch verstört vom Krieg. Viele waren traumatisiert, körperlich und geistig verstümmelt. Es gab viele Menschen mit Prothesen, Krücken und fehlenden Gliedmaßen. Frauen, deren Männer mit ungewissem Schicksal in Russland verschollen waren. Eine solche Frau war Tante Lilli. Eigentlich keine richtige Tante, und doch weitläufig mit uns verwandt. Sie war in unserem Haushalt Mädchen für alles. Sie kochte für uns und die Angestellten und war unser Kindermädchen. Sie gedieh uns eine sehr katholische Erziehung an und kümmerte sich um unser Seelenheil. Maiandacht und Rosenkranzgebete waren Pflicht. Sie achtete sehr darauf, dass wir zur Kirche gingen. So wuchsen wir drei Geschwister mit den Prägungen dieser Zeit heran.

Meine Eltern sind in den 20er Jahren geboren. Sie gehören zu einer traumatisierten Generation, von deren Einfluss wir nicht ganz verschont blieben. Sie konnten sich nicht gegen das Gefühl wehren, einen Krieg verloren zu haben, wurde ihnen doch immer suggeriert, zur auserwählten Rasse zu gehören. Es existierten auch noch Lehrbücher aus dieser Zeit, die die einzelnen Rassen benennen. Die arische wurde dort hervorgehoben. Es galt diese hervorragenden Merkmale nicht durch Mischung zu verwässern. Mein Vater war in amerikanischer Gefangenschaft. Dort brauchte man sich nicht von „Negern" das Essen bringen zu lassen, wenn man das nicht wollte. Der Rassismus in den USA war allgegenwärtig. Als Kinder sahen wir einen schwarzen Mann höchstens mal im Fernseher. Billy Mo mit seiner Trompete und Tirolerhut war für mich der erste.

Bis Cassius Clay mein Leben bereicherte. Morgens um vier Uhr weckte mich mein Vater. Im Wohnzimmer stand ein Schwarz-Weiß-Fernseher, der ein flimmerndes Bildmaterial aus den USA, dem Madison Square Garden, lieferte. Der Kampf des Jahrhunderts wurde angekündigt. Der athletische, geschmeidige und gutaussehende Cassius Clay, der gerade zum Islam konvertiert war und nun Muhammad Ali hieß, kämpfte gegen den für unbezwingbar gehaltenen Sonny Liston. Ganz großes Kino für mich damals. Der erste Gong ertönte und es dauerte nicht lange, da lag der „Black Bear" Sonny Liston im Ringstaub wie ein Maikäfer am Boden. Ich hatte gerade in Opas gemütlichen Bürostuhl Platz genommen und freute mich auf einen schönen, spannenden Kampf, da war er schon zu Ende und ich konnte wieder ins Bett kriechen, was noch schön warm war.

Das hielt mich jedoch nicht davon ab, auch in Zukunft nachts aufzustehen, um die Kämpfe von Muhammad Ali anzuschauen. An den erleuchteten Wohnzimmern sah man, dass ich wohl nicht der einzige war, der den Fernseher zu dem Anlass eingeschaltet hatte. Muhammad Ali wurde später zum Sportler des Jahrhunderts gewählt und hat sich Zeit seines Lebens, trotz seiner schweren Krankheit, für Gerechtigkeit unter den Völkern eingesetzt. Er war Vorbild für Generationen und natürlich auch für mich. Ich habe meinen Tränen freien Lauf gelassen, als dieser Mann, schwer krank und zitternd durch die Parkinsonsche Krankheit, im Jahre 1996 in Atlanta die Flamme der Olympischen Spiele anzündete. Ein so bewegender Moment der Zeitgeschichte, den ich nie vergessen werde. 3,5 Milliarden Menschen wurden Zeuge dieser Szenen.

Es hat lange gedauert, bis auch ich Vorurteile beiseite schob und mich mit fremd aussehenden Menschen beschäftigte. Meine Kinder haben Vorurteile fast ganz abgelegt, was ich natürlich begrüße. Sehr früh stellte mein Vater ein türkisches Mädchen als Verkaufslehrling ein. Damals noch ein völliges Novum. Da er ihren Namen nur schwer aussprechen konnte nannte er sie kurzerhand Maria. Sie hörte darauf und alles war gut. Sie blieb ganze dreißig Jahre in unserem Betrieb beschäftigt. Ich war zu Beschneidungsfeiern und Hochzeiten eingeladen und lernte diese für mich fremde Kultur von innen kennen. Heute haben wir eine vollkommen andere Situation.

Seit der Industrialisierung kamen immer mehr ausländische Menschen zu uns. Zuerst um zu arbeiten und jetzt um vor Elend und Krieg zu fliehen. Die zweite und dritte Generation von Gastarbeitern lebt mittlerweile mit uns. Der Schritt für meine Generation, Toleranz dem Fremden gegenüber zu entwickeln, ist sicher schwerer als für die junge Generation, die nach uns kommt.

Wir sind durch viele Vorurteile geprägt. Es geht nur durch Bildung und ehrliche Toleranz. Das Mittelalter hat bei uns nichts verloren. Unsere Gesellschaft muss achtgeben, nicht unter rechte Räder zu geraten.

Ebenso gefährlich sind rechtsfreie Räume und allzu romantische Vorstellungen, die bei vielen fest verwurzelt zu sein scheinen. Wer etwas über unser Grundgesetz stellt, hat hier nichts verloren. Wir müssen die Balance erhalten. Das wünsche ich meinen Kindern und Enkeln und allen Generationen danach.

Wir gehören zur Generation, die den Wechsel zur Partygesellschaft unserer Kinder begleiten mussten und hatten davon doch so gar keine Ahnung. Das war nicht immer leicht. Meine Kinder wissen nur aus Schulbüchern vom ersten und zweiten Weltkrieg. Von Hunger, Wohnungsnot und strengem Frost zu erleiden, hatten sie keine Ahnung. Vieles hat auch mit der Schnelllebigkeit in der heutigen Gesellschaft zu tun. Gerne gebe ich zu, nicht immer mithalten zu können. Das einfache zu erkennen und zu leben war meine Sache. Morgens Kohlen bei strengem Frost von Draußen zu holen, den Ofen zu befeuern und in der Küche die wohlige Wärme zu genießen, das war etwas, was mir gut gefiel, meinen Kindern aber völlig abging. Noch heute träume ich manchmal von diesem einfachen Leben ohne Luxus und Technikkram, der einem die Zeit raubt. Der Luxus unserer Kinder ist manch mal auch ein Fluch. Meine Kindheit möchte ich nicht mit der Heutigen eintauschen. Der Erfahrungsschatz kam nicht aus dem Computer.

Ich konnte als Kind die Erwachsenen fragen. Sie waren die Augen und Zeitzeugen, auch wenn sie nicht gern über alles sprachen. Meine Lehrer waren noch in den Krieg gezogen und einige hatten sicher auch höhere Posten bekleidet, aber niemand sprach darüber. Mein Wissen über den Nationalsozialismus musste ich mir selbst aneignen. Man traf Leute, die alles Geschehene anzweifelten, vieles unter Adolf besser fanden, und das waren keine Ausnahmen. „Unter Adolf hätte es so etwas nicht gegeben!" war ein geflügeltes Wort.

Wenn man nachfragte, wurden gerne Begriffe wie Sicherheit, Verbrechensbekämpfung, Justiz und das Verkehrsnetz genannt. Preußische Tugenden wie Ehrlichkeit, Pünktlichkeit, Verantwortung standen hoch im Kurs. Alles, was davon abwich, galt als nicht zuverlässig und wurde ausgegrenzt.

Die Gesellschaft hatte ganz andere Vorstellungen von Sitte und Anstand. Auch meine Erziehung war danach ausgerichtet. Die Umstellung der Erziehungsmethode für meine Kinder ist mir manchmal aufgrund dessen sehr schwer gefallen. Auch die Rolle von Mann und Frau war in unserer Familie klar geregelt. Man hätte meinen Opa oder Vater niemals einen Kinderwagen schieben sehen. Babys zu wickeln war Frauensache. Die Männer hatten die Familie zu ernähren. Den Frauen wurde in den meisten Fällen die Schlüsselgewalt zugestanden. Übrigens ein familienrechtlicher Rechtsbegriff zur damaligen Zeit.

Als Kinder in meiner Generation hatten wir mit anderen Schwierigkeiten zu kämpfen als die Kinder heute. Viel Energie meiner und der heutigen Kinder geht für den Zusammenhalt der Familie drauf. In meiner Generation gab es nur ganz wenige Scheidungskinder. Heute wird fast jede zweite Ehe geschieden. Für Kinder ist das eine Katastrophe, die wir Erwachsenen uns nicht vorstellen können. Kinderherzen können dabei kaputt gehen. Als Kind hatte ich diese Sorgen nicht. Sicher gab es mal Streit, aber der Verbund der Familie blieb unangetastet. Heute versuchen schon ganz kleine Kinder das in ihrer Macht stehende zu tun, damit Papa und Mama zusammen bleiben. Gelingt das nicht, geht Urvertrauen verloren. Nicht selten müssen Kinder professionell therapiert werden. Auch bei meinen Kindern gingen die Trennungen nicht spurlos vorüber. Dort trage ich bis heute an meiner Schuld, aber ich hätte es nicht anders gewusst und gekonnt. Da bin ich mit mir heute im Reinen und diskutiere gern mit meinen Kindern, jetzt wo sie erwachsen geworden sind. Auch sie haben zum Teil schmerzvolle Trennungen hinter sich und verstehen heute besser. Der Weg immer Kontakt mit seinen Kindern zu behalten ist das schwierigste für einen getrennt lebenden Vater. Das hab ich geschafft und bin ein wenig stolz darauf.

Das erste Telefon musste beantragt werden. Nur Selbstständige wie Ärzte, Richter, Apotheker und auch Bäcker bekamen ein solches Gerät. Man konnte zwischen Tisch- und Wandgerät wählen. Es hatte eine Wählscheibe und davor auch noch ein

Fräulein vom Amt, von dem man per Steckverbindung weitergeleitet wurde. Die ganze Nachbarschaft telefonierte bei uns. Das Gespräch kostete 20 Pfennige. Den ersten Fernseher hatte Opa natürlich auch. Das Endspiel 1954 bei der Fußballweltmeisterschaft fand natürlich im Wohnzimmer von Opa statt. Es war proppenvoll. Die WM war sehr wichtig für Deutschland. Das Selbstbewusstsein der Deutschen war wieder hergestellt.

Die Voraussetzungen für das Wirtschaftswunder waren geschaffen. Übrigens musste man früher von der Couch aufstehen, um das Programm an einem Knopf am Fernseher zu wechseln. Es gab zwei Programme, später drei, also nicht allzu viele Gründe umzuschalten. Wenn man die Entwicklung heute sieht, wäre das früher nicht vorstellbar gewesen. Dass es heute Polizistinnen und Straßenbahnfahrerinnen gibt, hätte sich mein Vater nicht vorstellen können. Die nehmen den Männern die Arbeit weg, wäre seine Einstellung dazu gewesen. Kurzum, die Einstellungen haben sich gründlich geändert und das ist auch gut so. Meinen Enkeln wünsche ich den Blick auf das Wesentliche im Leben. Das Ausprobieren und das Fragen. Gern stehe ich zur Verfügung, so lange ich kann. Es gibt nichts schöneres, als Kinder zu begleiten. Im Alter wird dieses Gefühl immer intensiver. Ich hoffe, noch lange daran teilhaben zu dürfen.

Brot hatte in den Zeiten Anfang des 20. Jahrhunderts einen besonderen Stellenwert. In den Kriegszeiten hatten die Menschen vor allem eins: Hunger. Auch in den 30er Jahren dachten die Menschen nur an Essen. Woher sollte man etwas zu Essen bekommen? Wo sollte man Brot erwerben? Man träumte vom Brot und manche hatten Wahnvorstellungen, die sich um das tägliche Brot drehten. Schon im christlichen „Vater unser" kommt die Zeile vor: „Unser täglich Brot gib uns heute." Das Brot hatte einen sehr hohen Stellenwert und war nur auf Bezugsschein in geringen Mengen zu haben. Die Bäcker, auch mein Opa, bekamen Mehl zugeteilt, um daraus Brot zu backen. Das Mehl hatte keine gute Qualität. Weizen war nicht erschwinglich und so wurde oft Mais eingesetzt. Das Brot war nach einem Tag steinhart, aber es wurde kein Krümel weggeschmissen. Käthe Kollwitz hat dazu ein bemerkenswertes Bild mit der Unterschrift „Brot" geschaffen. Es hängt heute noch in meiner Küche. Ein hungriges Kind reißt an der Schürze der sich verschämt wegdrehenden Mutter. Diese Kohlezeichnung hat Spuren bei mir hinterlassen.

Der Satz: „Brot ist nicht hart, kein Brot ist hart" stammt aus dieser Zeit. Mein Opa hatte also keine Not das Brot unter die Leute zu bringen. Eine ganze Generation von Kindern holte sich aus der Backstube bei ihm die Kuchenkanten ab. Er war damit einer der beliebtesten Menschen im Stadtteil und es erzählen mir heute noch Leute davon wie sie sich als Kind von Opa Welp nach der Schule die Kuchenkanten holten. Opa war bis zuletzt der Ansicht, keiner könnte den Kuchen so gleichmäßig schneiden wie er. Alle ließen ihn in dem Glauben.

Wenn man die Situation damals mit heute vergleicht, so ist Brot zum Wegwerfartikel verkommen. Dreißig Prozent der Produktion landet im Müll. Hier ist die Summe sicher noch höher, wenn man dazu rechnet, was der Verbraucher noch entsorgt. Das ist eine Schande und als Bäcker nur schwer zu ertragen. Gutes handwerklich hergestelltes Brot ist heute nur noch schwer zu finden. Brot, wo der Bäcker seine Erfahrung und sein Wissen hineingesteckt, ist eines der besten Lebensmittel die es gibt.

Letztens las ich den Leserbrief eines österreichischen Bäckers, dessen Betrieb seit 140 Jahren besteht, circa 25 Menschen beschäftigt und Lehrlinge ausbildet. Er kann nicht verstehen wie Menschen sein unter hohem Können hergestelltes Brot mit dem aus einer Brotbox vergleichen, die Discounter anbieten. Viele denken: Brot ist Brot. Seinen Leserbrief kann ich hier nur unterstreichen und habe ihn deshalb in dieses Buch aufgenommen.

Hermann Welp senior: „Der Opa"

Leserbrief von Bäckermeister Kurt Leitner aus Bad Goisern, Österreich:

Brot vom Supermarkt

Die Herstellung von gutem, qualitätsvollem Brot benötigt mehr als nur das halbstündige Aufbacken von aufgetauten Teiglingen.

Ein Bäckermeister, dessen Betrieb es seit 140 Jahren gibt, der 25 Mitarbeiter beschäftigt und Lehrlinge ausbildet, freut sich: Goisern hat nun endlich auch eine Backbox, und zwar durch einen dieser großen, wirklich viele Arbeitsplätze schaffenden Supermärkte. Konkurrenz belebt ja den Markt und ist gut für die Konsumenten, heißt es. Und Brot ist Brot, oder?

Nun, in diesem Falle hieße das, Äpfel mit Birnen, oder vielmehr richtiges Brot mit irgendwo industriell vorgefertigten Teiglingen, zu vergleichen.

Was viele Konsumenten nicht wissen: Die Herstellung von gutem, qualitätsvollem Brot benötigt mehr als nur das halbstündige Aufbacken von aufgetauten Teiglingen. Die Industrialisierung hilft zwar beim Einsparen von Arbeitsplätzen, aber nicht bei der Herstellung von gesundem Brot.

Denn ganz unabhängig davon, dass die für Industriebrot verwendeten Mehle einen Cocktail an Inhaltsstoffen enthalten, die dazu dienen, den Teig maschinentauglich zu machen, lernt man in jeder Lebensmittel-HTL, dass nur durch den einstündigen Backprozess des Brotes, wie er nur beim richtigen Bäcker passiert, gewährleistet ist, dass die Hefe abstirbt. Warum ist das wichtig? Weil viele unserer Allergien das Resultat unausgegorener Backofenfrische sind, denn nur abgestorbene Hefe verhindert die Gefahr der Ausbildung von Allergien.

Aber nein, das kann nicht sein, da besteht sicher kein Zusammenhang zwischen den vielen Allergikern und den Teiglingen. Denn wenn dem so wäre, dann würde doch etwas dagegen unternommen werden, oder? Außerdem sind Allergien gut für die Wirtschaft. Super, also lasst uns alle gemeinsam weiter kräftig dabei mithelfen, dass den letzten Bäckern und überhaupt den heimisch-regionalen Betrieben der Garaus gemacht wird. Hauptsache, wir kaufen vermeintlich billig ein. Arbeitsplätze gibt's eh woanders.

Kurt Leitner, Bäcker in Bad Goisern

Leserbrief vom 6. Mai 2014, zu finden in nachrichten.at

Opa und ich

Meine Erinnerungen an meinen Opa Hermann sind noch vorhanden. Er starb 1961, als ich 7 Jahre war. Ich erinnere mich daran, dass ich, wenn er rief, in den Laden kommen musste. Dann fragte er mich immer vor versammelter Mannschaft: „Hermann, was willst du mal werden?" Ich sagte natürlich mit der gebotenen Klarheit: „Bäckermeister!" Danach sprang immer etwas Süßes für mich raus. Er hatte an der linken Hand keinen Daumen mehr und erzählte mir eine Räubergeschichte aus dem ersten Weltkrieg. Man hätte ihm den Daumen abgeschossen. Als Kind habe ich ihn nur bewundert. Mit mir durfte auch nicht geschimpft werden, das konnte er gar nicht leiden – auch bei meiner Mutter nicht. Sie hatte als Schwiegertochter keinen

Hermännchen am Schieber: „Hermann, was willst du mal werden?"

leichten Stand. Meine Oma ist schon früh in 1956 verstorben, so dass ich an sie keine Erinnerung mehr habe. Man erzählte mir, dass sie der Schlag während des Apfelschälens in der Küche hinter dem Laden getroffen hat. Bezeichnend war, dass der Betrieb reibungslos weiterging, was ich nie verstanden habe. Auf Nachfrage wurde mir gesagt, dass es damals eben so war.

Ich erinnere mich an eine schwere Ledercouch in der Küche, an das Wohnzimmer mit schweren Eichenmöbeln und dem Ölofen in der Ecke. Der eingebauten Tresor, den ich heute noch nutze. Auch Schreibtisch und Schreibtischstuhl haben bis zu meiner Zeit überlebt und zählen zu den heiligen Relikten aus dieser Zeit. Der erste Fernseher stand wie ein Altar in der Ecke des Wohnzimmers. Große Bilder mit Abbildungen von Heiligen schmückten die Wände der Küche. Ein Bild der heiligen Familie führte bei einer eher schlichtgeistigen Kundin zu folgender Frage: „Ach Herr Welp, sind das ihre Eltern?" Auf diese Frage antwortete mein Vater folgendermaßen: „Ja, und der in der Mitte mit dem Kringel überm Kopf, das bin ich." Er brachte das ohne irgendeine Regung trocken über die Lippen. Die Kundin war zufrieden und mein Vater hatte eine Geschichte für den allabendlichen Stammtisch, bei dem sich die Stammtischbrüder wohl vor Lachen auf die Schenkel klopften.

Geboren wurde ich am 29. 9. 1954 im Essener St.-Elisabeth-Krankenhaus als zweites Kind meiner Eltern Hermann und Ludgera Welp. Das Elisabethkrankenhaus liegt in der Nähe der Bäckerei. Da meine Mutter wie selbstverständlich ihren Dienst im Laden versah, gab es keine Diskussion über das Krankenhaus. Nähe sollte noch ganz wichtig werden. Als es soweit war, entließ mein Vater sie mit den Worten: „Dann mach's mal gut" und widmete sich wieder seiner Backtätigkeit. Damals war es werdenden Vätern verwehrt, der Geburt beizuwohnen. Bei damals noch hohen Geburtenzahlen hätten Väter den Klinikalltag auch wohl empfindlich gestört. Die Geburt klappte bestens, in der ersten Zeit ging alles gut und ich entwickelte mich gut. Nach einem halben Jahr wurde ich kränklich. Ich konnte meine Nahrung nicht bei mir behalten und verwerten. Ich magerte immer mehr ab und kam ins Krankenhaus, um der Sache auf den Grund zu gehen. Täglich musste meine Mutter mit abgepumpter Milch im Krankenhaus erscheinen. Das stellte einen hohen organisatorischen Aufwand dar, zwischen Krankenhaus und Betrieb zu pendeln. Das war keine leichte Zeit für Sie. Die Krankheit entpuppte sich als nicht so leicht.

Die Ärzte stellten einen Magenpförtnerkrampf (Polyrusstenose) fest. Da mein Gesundheitszustand so schlecht war, konnte ich nicht operiert werden. Ich nahm immer mehr ab und erinnerte an ein verhungerndes Kind. Ich habe noch Fotos aus dieser Zeit, die ich den Lesern hier an dieser Stelle ersparen möchte. Mein Zustand brachte meinen Opa zu dem Ausspruch: „Den kriegt Ihr nicht groß." Dass es letztlich doch gelang, erhob mich bei ihm in den Stand der Schutzwürdigkeit. Wenn ein solcher Wurm überlebt, dann ist er etwas Besonderes. Deshalb nahm er mich vor jedem in Schutz, der mir etwas wollte.

Die Ärzte wussten keinen Rat mehr. Eine letzte Hoffnung blieb noch. Es wurde aus Amerika ein Medikament bestellt, was auf dem deutschen Markt noch nicht getestet war. Es wirkte entspannend auf die Pylorusmuskulatur. Die Behandlung schlug an und rettete dem kleinen Hermann das Leben. Endlich konnten die Nährstoffe den kleinen Körper versorgen und ganz langsam legte ich an Gewicht zu. Die Schwestern auf der Station erkannten in mir einen kleinen Kämpfer, der leben will. Etwas davon habe ich mir wohl erhalten, obwohl ich mich natürlich an nichts erinnere. Als kleiner Bub fand ich es immer besonders, wenn Onkel und Tante vom winzigen Hermännchen sprachen, der jetzt schon ein so großer Junge geworden sei. In der Tat war ich bald auch einen Kopf größer als meine Altersgenossen. Das Leben sollte also noch so manche Abenteuer für mich bereithalten.

Als ich dann älter wurde, wuchs in mir eine Leidenschaft für Fußball. „DJK Bergerhausen" hieß der Verein meines Herzens. Meine Mutter meinte, ich müsste erst Messdiener werden, dann darf ich auch in einen Fußballverein. Meine große Schwester Ludgera und mein kleinerer Bruder waren nicht so sportlich und beließen es bei einer kurzen Tenniskarriere. Meine Fußballlaufbahn nahm langsam Fahrt auf. Jede freie Minute nach der Schule war ich „am krausen Bäumchen" zu finden. Der Ball war mein Leben. Der Messdienerunterricht nicht so. In der lateinischen Sprache tat ich mich sowieso schwer. Alles musste auswendig gelernt werden. Der Pfarrer war sehr streng und kannte kein Pardon, wenn man nicht gut vorbereitet in den Messdienerunterricht kam. Es war Pfarrer Kreuser, der 1950 schon meine Eltern in Kupferdreh getraut hatte.

Meine Mutter erzählte immer sehr ehrfurchtsvoll von ihm. Von Bergerhausen bis Kupferdreh ist er damals gelaufen um die beiden zu trauen. Mit der Religion war das so eine Sache. Ich ging zur Schule „Am krausen Bäumchen". Das war eine katholische Volksschule für Jungen und Mädchen. Nicht weit entfernt befand sich die Theodor-Heuss-Schule, eine evangelische Volksschule. In streng katholischen Familien durfte mit evangelischen Jugendlichen nicht gesprochen oder gar gespielt werden. In Erinnerung ist mir die Abneigung meiner Mutter geblieben, als ich mit 13 Jahren meine erste Freundin vorstellen wollte. Sie hatte einen typisch polnischen Namen und war evangelisch. Mutter stellte fest: „"...ki" am Ende und evangelisch, brauch ich erst gar nicht mitzubringen. Hab ich dann auch nicht. Ich hatte Gott sei Dank damit kein Problem damit. So war das damals halt.

Mein Opa und meine Oma mütterlicherseits hatten eine Gastwirtschaft und eine Bäckerei. Damals gab es das oft in Kombination. Opa Ludger habe ich nicht mehr kennengelernt. Dafür war Oma Emmi lange für mich da. Als kleiner Junge kaufte ich von meinem Taschengeld ihr zum Geburtstag eine Platte vom Kinderstar Heintje: „Oma so lieb". Sie kostete 4,95 DM. Oma war zu Tränen gerührt, zückte ihr Portemonnaie und ich freute mich über 20 DM. So lernte ich das Verhältnis vom Einsatz zu Gewinn früh im Leben kennen.Tu Gutes und du wirst Gutes zurückbekommen. Oma war auch meine Patentante und ich muss sagen, sie war immer sehr spendabel. Das Geld konnte ich gut gebrauchen. Das Sonntagsvergnügen der Familie war der wöchentliche Besuch bei Oma Emmi in Kupferdreh. Zuerst Kaffeetrinken, danach konnten wir Kinder in den Garten und der Vater in die Gastwirtschaft, in der immer etwas los war. In der Regel war die Bude voll und am Stammtisch wartete man schon auf ihn.

Rauchschwaden, hervorgerufen von Zigaretten und Zigarren, waberten in der Schankstube. Rauchen war damals noch nicht gefährlich. Jedenfalls waren die Verpackungen noch sehr positiv gestaltet. Damals war es die Sehnsucht nach Abenteuer, Urlaub,

Erfolg und Lässigkeit und warum denn in die Luft gehen, greife lieber zur HB. Nicht wie heute Impotenz, Gebärmutterhalskrebs oder schlimmen Lungenkrankheiten.

Aus dem Hahn liefen ununterbrochen Alt und Pils. Auch Schnaps wurde früher viel mehr konsumiert. Es waren eher die lokalen Anbieter wie Steinhäger, Underberg oder Eversbusch, die getrunken wurde. Wacholder, Korn und Cognac waren die Favoriten. Die Frauen saßen in der Küche und hatten viel zu erzählen. Oft ging es um Beerdigungen, Geburten, wer mit wem, warum und überhaupt. Für uns Kinder war das langweilig und so huschten wir überall herum. Ich hatte einen kleinen Gemüsegarten, der wöchentliche Fortschritte zeigte. Die Ernte war dann natürlich der Höhepunkt. Es war eine schöne, unbeschwerte Zeit, an die ich mich gern erinnere.

Nach zwei bis drei Schnäpsen und fünf bis sechs Glas Bier wurde der Herr Papa aus der Kneipe gerufen und wir fuhren immer gegen 19:00 Uhr nach Hause. Vorher bekamen wir Taschengeld von Oma, und der Opa zu Hause eine Flasche Quellpüter (Spezialität von Oma), worauf der Opa in Bergerhausen sich schon sehr freute. Der Quellpüter war eine besondere Spezialität. Er wurde wie Medizin getrunken. Selbst der Hausarzt in Kupferdreh riet seinen Partienten bei Blähungen und Unwohlsein, in Oma Emmis Gaststätte einen Quellpüter zu trinken. Selbst Pferden soll der Schnaps bei Blähungen und Koliken geholfen haben. Das Leben war geregelt, hatte seine Rituale und alles war gut. Wir hatten schon ein Auto, einen Ford Taunus, der auch im Betrieb eingesetzt wurde. Zum Beispiel zur frühmorgentlichen Brötchentour, die ich in jungen Jahren um 5 Uhr früh schon mitmachen durfte. Ja, so etwas gab es damals auch schon.

Die Brötchen wurden bei Wind und Wetter zur Tür gebracht. Zuerst mit dem Fahrrad und der Kiepe, später mit dem Auto. Wer schon mal Zeitungen ausgeteilt hat, kann nachempfinden, wie es ist, bei Wind und Wetter von Tür zu Tür zu eilen. Abgerechnet wurde mit hohem Aufwand am Ende des Monats. Das Auto hatte seine Garage auf dem Garagenhof der Familie Brandau. Die besaßen einen richtigen kleinen Affen in einem Käfig. Das war für uns Kinder aus der Nachbarschaft eine Attraktion. Gerne verbrachte ich ganze Nachmittage auf dem Garagenhof, auf dem sich auch eine Werkstatt und eine Zapfsäule für Autokraftstoffe befand. Gern schaute ich Herrn Brandau bei den Reparaturen zu. Manchmal ließ er mich auch ein Auto betanken. Das roch so gut nach Benzin. Selten und etwas ganz besonderes war es, wenn er den Garagenschlüssel holte, und zwar den ganz großen. Damit schloss er eine Garage auf, in der ein uralter Mercedes stand. Vorne alles aus Holz gefertigt, sicher noch vor dem Krieg gebaut. Es war ein edler Oldtimer, der viel Geld einbringen würde, wenn man ihn verkaufen wollte.

Die Miete kam pünktlich und mehr interessierte Herrn Brandau nicht. Manchmal durften wir vorsichtig mit einem weichen Tuch das Auto vom Staub der Jahre befreien. Der Lack war noch wie am ersten Tag.

Gegenüber der Bäckerei war der „Alte Ludwig". So nannte sich eine kleine Siedlung mit kleinen ärmlichen Häusern. Sie waren noch mit Lehmfußboden und Sickergrube ausgestattet. Hier lebten Familien mit vielen Kindern auf engstem Raum. Alle paar Wochen kam ein großer Tanklastzug und saugte mit seinem Rüssel die Sickergruben leer. Da stank ganz Bergerhausen nach Sche.... Die Siedlung war für uns Kinder deshalb so interessant, weil sich dort ein unterirdischer Bunker aus dem zweiten Weltkrieg befand. Betreten streng verboten, Eltern haften für ihre Kinder. Wilde Geschichten rankten sich um den Bunker. Es gäbe noch Skelette dort drinnen, sagte man uns Kleinen. Die erste Tür war aufgebrochen, aber weit hinein kamen wir nicht. In diese unterirdischen Räume rettete man sich im Krieg vor Fliegerbomben, die Essen und auch Bergerhausen zum großen Teil in Schutt und Asche legten. Bei uns in der Nähe befand sich die Zeche Ludwig. Überall wo Zechen waren, wurde auch gebombt, um die Energieversorgung zu zerstören. Von unserer Veranda konnten wir die riesige Halde der Zeche sehen.

Für uns war das ein genialer Spielplatz. Betreten verboten, Eltern haften für ihre Kinder. Hinter diesen Worten verbarg sich für uns Kindern das Wort Abenteuerspielplatz. Heute werden für viel Geld Spielplätze mit gleichem Namen von der Stadt erstellt. Hinter dem „Alten Ludwig" befand sich ein großes Feld, das nie gemäht wurde. Ein Mega-Spielplatz. Höhlen bauen in und über der Erde war angesagt. Feuer machen auch. Keiner sah zu. Dreckig kamen wir nach Hause. Mutter schimpfte uns aus. Gründlich gewaschen ging es dann hundemüde ins Bett. Samstag war Badetag. Wir hatten an der Wand schon einen Heißwasserboiler, der das Wasser elektrisch erhitzte. Die Badewanne lief voll und einer nach dem anderen wurde durch das Wasser gezogen. Natürlich zuerst meine große Schwester Ludgera, dann mein kleiner Bruder Gerhard und zuletzt der dreckigste, nämlich ich.

Zinkbadewanne: Freizeitvergnügen auf dem Hof

Die Woche über musste ich immer um 18 Uhr zu Hause sein. Das klappte meistens nicht, so dass mein Vater sich genötigt sah, in die Erziehung einzugreifen. Es sind ja nicht die großen Verspätungen, die die Eltern so nerven. Nein, es waren die fünf Minuten, die an die große Glocke gehängt wurden. Es war wieder 10 nach 18 Uhr und mein Vater öffnete mir die Haustüre. Er sagte nichts, trat mich in den Hintern und goß mein Aquarium in die Toilette mit den Worten: „Die kannst du dir jetzt in der Ruhr wiederholen". Das war für mich eine Zäsur im Leben. Noch heute bin ich bei Terminen immer eine Viertelstunde zu früh da. Auf meiner Arbeitsstelle habe ich seltenst verschlafen, obwohl ich immer um drei oder sogar um eins aufstehen musste.

Die Schule rückte bei mir in den Hintergrund. Fußball war mein Leben. Ich war überzeugt davon einmal gut zu verdienender Profi werden zu können. Durch meine Größe – ich überragte Altersgenossen um mindestens einen Kopf – und meine Fertigkeiten mit dem Ball wurde ich ein ganz passabler Jugendfußballer. Ich wurde immer zuerst in eine Mannschaft gewählt. Im Klub passte auch alles zusammen, und so spielte ich schon früh in den Auswahlmannschaften, erst des Kreises, dann des Verbandes. Als 15-jähriger war ich dann schon bei den 18-jährigen aktiv, was der WAZ-Tageszeitung einen einseitigen Bericht wert war (Überschrift: „Welp spielt schon mit 15 in der A-Jugend"). Vor Stolz platzte ich fast, wenn man mich darauf ansprach. Mit 16 wurden größere Clubs auf mich aufmerksam und luden mich zum Probetraining ein.

Wir in Bergerhausen spielten natürlich auf Asche. In der Haut verblieben kleine Steinchen, die sich beim „Grätschen" in die Haut bohrten. Einige Andenken habe ich natürlich auch noch.

Gerne hätte ich es auch mal auf Kunstrasen versucht. Leider kamen die erst sehr viel später auf. Ascheplätze gibt es immer weniger. Viele aus meiner Generation können noch Geschichten erzählen, die sich um das Spielen auf Asche ranken. Der Aschenplatz wird aussterben – und damit auch ein Stück ehrlicher Fußballgeschichte. Nur der Wandel ist beständig, und das ist auch gut so. Aber nicht nur der Fußball, sondern auch meine Freundschaft zum letzten Bauern in Bergerhausen, Familie Gantenberg, erforderte viel Zeit. Bei der Ernte wurde jede Hand gebraucht und wir Kinder hatten viel Spaß bei der Heuernte und im Umgang mit Kühen und Schweinen und Hühnern. Auch Gänse wurden vermarktet. Die kleinen Küken kamen im Frühjahr auf den Hof und verbrachten ein gutes Leben. Erst zu Martini und zu Weihnachten ging es ihnen an den Kragen. Wir durften beim Melken helfen und beim Misten der Hühner- und Schweineställe. Als Lohn gab es mal eine Banane, aber darauf kam es nicht an. Das Landleben gefiel mir gut. Das legte sicher den Grundstock für meine Lust auf dem Land zu leben. So in etwa habe ich mir, wenn auch nur kurz, diesen Traum in Essen-Werden in späteren Zeiten erfüllt. Noch heute halte ich, wenn auch in ganz kleinem Rahmen, Hühner. Ich freue mich immer wenn sie mir im Garten um die Beine wuseln. Auch bei der Arbeit mit Tieren kann man eine Menge lernen. Sie fördern das Verantwortungsbewusstsein für das Leben einer abhängigen Kreatur.

Bis zu diesem Zeitpunkt hatte alles mit Fleiß, Disziplin, Pünktlichkeit und anderen Tugenden zu tun, die ich im Geschäftshaushalt gelernt hatte. Auch Lebensweisheiten wie: „Ein Indianer kennt keinen Schmerz!" haben mich bis heute begleitet. Natürlich ist es nicht immer ein Zuckerschlecken, in einem

Geschäftshaushalt groß zu werden. Der Laden war für mich nach dem Tode meines Opas tabu. Dort würde ich nur stören, wurde mir gesagt. Doch dort war meine Mutter. Ich habe es gehasst abgewiesen zu werden. Meinen Kindern wollte ich einmal anders begegnen. Die Hektik des Alltags hat mich auch in diesem Punkt meist versagen lassen. Es war mir bewusst, meiner Mutter nicht. Wie oft hab ich die Kunden gezählt, die im Laden waren. Wenn noch einer dazu kam, musste ich noch länger warten. Es war zum heulen und das habe ich dann auch gemacht.

Meine Eltern hatten wenig Zeit für mich. Auf Klassenfahrten war ich allein, gerne hätte ich, wie die anderen, meine Mutter dabei gehabt. Urlaub war ein Fremdwort. Wenn es mal dazu kam, ging das nur mit Mutter, mal an die Nordsee oder nach Bad Rothenfelde ins Internat. Auch litt sicher die Entwicklung der Emotionalität unter dieser Erziehung. Vater und Mutter hatten immer noch den Spruch von Adolf Hitler in den Ohren: „Hart wie Kruppstahl, zäh wie Leder und schnell wie die Windhunde." Das kam mir im Leben nicht zu Gute – allenfalls beim Fußball.

Während der Ferien versuchte ich mich schon morgens aus dem Haus zu schleichen und mit meinem Ball mich auf dem Platz mit Freunden zu treffen. Immer kam der lange Arm meines Vaters dazwischen. Erst musste in der Backstube Erdbeeren gezupft oder Pflaumen entsteint werden, danach konnte ich gehen. Erst die Pflicht, dann die Kür. So hatte ich es schon früh gelernt.

Nach fünfjähriger Volksschulzeit ging ich zum Gymnasium Stadtwald. Ich gehörte zum Gründungsjahrgang. Das Gymnasium beherbergte mich vier Jahre. Dann hatten meine Eltern ein Einsehen und ich begab mich zur Albert-Einstein-Realschule in

Essen-Rellinghausen. Dort fand ich viele Freunde aus meinem Wohnumfeld, zu denen ich heute noch Kontakt pflege. Geschichten über Lehrer werden dann zum Besten gegeben, obwohl man Sie schon tausend mal gehört hat, kann man immer wieder drüber lachen. Neulich traf ich noch Josef Bauer, einen begnadeten Schlagzeuger, der schon damals im Schulorchester spielte. Heute lebt er am Regierungsviertel in Berlin. Immer wenn er in der Nähe ist, versuchen wir uns zu sehen.

Die Schule fand ich auch richtig lästig. Sie raubte mir Zeit, die Lehrer waren natürlich doof, besonders während meiner Pubertät. Ausgenommen war immer der Sportlehrer, der mich mit Lob zuschüttete und meine Leistungen auch in der Leichtathletik guthieß. Mein alter Sportlehrer Freddy Wehrmann vom Stadtwaldgymnasium, ein schon damals älterer Herr, erkannte mein Talent für die Leichtathletik. Er war auch Trainer der damaligen Europameisterin Christel Frese. Die lief im Jahre 1970 die 400 Meter in Wien sogar Weltrekord in 53,7 Sekunden. Genau zu der Zeit trainierte ich mit ihr auf der Schillerwiese in Essen-Stadtwald. Meine 100-Meter-Zeit lag damals mit 15 Jahren unter 12 Sekunden. Im Training rannten wir die letzten hundert Meter ihrer 400 Meter gegeneinander. Ich war quasi der Hase, der von Christel aber immer eingeholt wurde. Trotzdem hat es mir viel Spaß gemacht mit ihr zu trainieren. Ein echter großer Star der Leichtathletik. Ein Lob von ihr schmeichelte mir und förderte meinen Ehrgeiz noch besser zu werden. Dieser Ehrgeiz hat mich bis heute nicht verlassen.

Schon als 16-jähriger Jugendlicher war ich im Fußball so geschickt, dass ich mit unserer ersten Mannschaft trainieren durfte. Das war mir eine große Ehre. Jedes Jahr unternahm diese

Mannschaft eine Fahrt ins Blaue mit Übernachtung. Diesmal sollte es das schöne Städtchen Boppard am Rhein sein. Für uns wurde ein ganzes Hotel angemietet. Ein Reisebus brachte uns dorthin. Bis dahin nichts ungewöhnliches. Schon auf der Hinfahrt wurde gesungen und getrunken, was das Zeug hielt. Auch bei mir blieb so mancher Trunk hängen und so bezog ich erst einmal mein Zimmer uns beschloss ein wenig auszuruhen. Danach ging es in die Mitte des Ortes. Viele originelle Kneipen und Weinlokale warteten auf uns. Im besten Hotel des Ortes, dem Bellevue Rheinhotel, war eine ganze Gruppe Touristen aus Amerika abgestiegen.

Der Dollar stand sehr günstig für sie und so konnten sie sich alles leisten. Eine junge hübsche Amerikanerin machte mich neugierig. Sie stammte aus Selma in Alabama. Ich schien ihr auch zu gefallen und so verbrachten wir das Wochenende quasi gemeinsam. Mein Schulenglisch war glatt mangelhaft, aber wir konnten uns verständigen und fanden uns echt nett. Mit Schrecken dachten wir an das Ende unserer Schwärmerei, den nach zwei Tagen ging die Reise für sie nach Italien und für mich nach Hause weiter. Wir waren gerade solo und so passte alles. Die ganze Nacht verbrachten wir im Garten des Bellevue auf einer Parkbank.

Es war wild romantisch, schön und traurig. Als der Abschied kam, versprach sie mir zu schreiben und wir tauschten unsere Adressen aus. Schon aus Italien schrieb sie mir den ersten Brief. Die italienischen Männer wären alle so anzüglich und unverschämt, nicht so zurückhaltend wie ich. Das schmeichelte mir und ich schrieb ihr zurück. Beim Verfassen meiner Briefe an sie lag immer das Wörterbuch daneben. Ich wollte mich schließlich nicht blamieren. Bald war sie wieder in ihrer Heimat und sie schickte mir Bilder von ihrem Bruder und Ihren Eltern. Der Vater besaß einen Candy-Vertrieb mit mehreren LKW und einem großen Lager. So dachte ich, ist ja noch nicht mal branchenfremd.

Meine Eltern hatten nichts dagegen, weil sie merkten, dass ich fleißig englische Briefe schrieb, was sich nur positiv auf meine schulischen Leistungen auswirken konnte. Das tat es dann auch. Mein Klassenlehrer glaubte bei mir an einen hoffnungslosen Fall. Jedesmal wenn er mich im Unterricht drannahm, sagte er „Aufstehen-Setzen-Fünf" zu mir. Die Klassenarbeiten waren durchweg fünf oder sechs. Bis dann meine Wende kam. Er stellte groß heraus, dass der Welp in der letzten Arbeit doch tatsächlich eine vier geschrieben hat. Applaus brauste von meinen Klassenkameraden auf. Es sollte noch besser kommen. Als ich bei einer zwei angekommen war, wollte er wissen, bei wem ich einen solch erfolgreichen Nachhilfeunterricht bekäme. Er rief meine Mutter an, die ihm dann von meiner Brieffreundin in Amerika erzählte. Ich schloss meine mittlere Reife mit einer drei in Englisch ab und die Freundschaft zu meiner Amerikanerin währte noch immer. In den Briefen ging sie jetzt aufs Ganze. Sie hatte ihre Eltern gefragt, ob ich nicht für ein paar Monate in die Staaten zu ihr kommen dürfe. Die Eltern willigten ein und machten mir das Angebot, nach Amerika zu kommen. Sie wollten die Flugkosten übernehmen, sowie Kost und Logis. Dafür müsste ich halbtags im Lager helfen und auch mal als Beifahrer zur Verfügung stehen. Für mich ein Riesending. Es war ein Traum, der in Erfüllung gehen könnte. Ich, Hermann Welp, in der großen weiten Welt, in Amerika, dem Land der unbegrenzten Möglichkeiten. Vom

Tellerwäscher zum Millionär, alles schien möglich. Ich konnte es kaum erwarten.

Dann kam alles anders. Ich lernte meine spätere erste Frau Angela kennen und lieben und aus war es mit Amerika. Warum in die Ferne schweifen wenn das Gute liegt so nah. Vielleicht wäre alles anders gelaufen in meinem Leben, wenn ich mich aufgemacht hätte nach Amerika. Das Schicksal stellte seine Weichen und so blieb ich meiner Heimat erhalten. Oft denke ich daran wie es wohl gekommen wäre. Aber ich hänge dem nicht lange nach. Auch hier habe ich ein spannendes Leben mit Hochs und Tiefs und dort drüben wäre es wohl nicht anders gewesen. Life is Life.

Mit Mittlere Reife wechselte ich zur Fachoberschule für Sozialpädagogik, wo ich von nun an linkes Gedankengut kennenlernte. Links zu sein war chic und so nahm ich an Demos und Hausbesetzungen aktiv teil. Ich skandierte mit der Mao-Bibel, ohne zu wissen was drin stand. Die Hoch-Zeit der RAF beherrschte das Leben in Deutschland. Es war eine sehr schwierige Zeit, in der meine Bewunderung für unseren damaligen Bundeskanzler Schmidt resultierte. Ein außergewöhnlicher Mann, der sich nicht um im Wege stehende Gesetze scherte, sondern in seiner eigenen hanseatischen Art dem gesunden Menschenverstand folgte. Solche Politiker sind rar gesät. In der jetzigen Zeit vermisse ich sie. Jeder denkt nur an sich und seine Karriere. So werden viele Chancen verpasst.

Man versucht solchen Vorbildern nachzueifern, sich zu fragen, wie er reagieren würde. Meistens schafft man es doch nicht. Aber solche Menschen hinterlassen einen roten Faden, an dem man sich orientieren kann. Das kann in vielen Fällen schon helfen. Außerdem lernte ich meinen Freund Christian Stratmann kennen, von dem später noch zu hören sein wird. Zwei Jahre vergingen wie im Flug. Das Abschlusszeugnis war das beste meiner Schulkarriere. Ich entschloss mich zu einer verkürzten Bäckerlehre bei meinem Vater. Ich lernte die Grundzüge des Backens kennen und beschloss, nach bestandener Prüfung ein Studium der Lebensmitteltechnologie anzuschließen. Ohne zu wissen, was das überhaupt war – aber Hauptsache von zu Hause weg in die weite Welt.

Studium der Lebensmittel-technologie

Der Ort hieß Lage, an der Lippe gelegen. Lemgo nicht weit weg, in dem kleinen Dorf Hagen schlug ich meine Zelte auf. Außer einem Ziegeleimuseum und einem Sportplatz hatte Hagen nicht viel zu bieten. Ich nahm also Studium an der Fachhochschule und das Training im Ortsverein auf. Ich wohnte in einer ofenbeheizten Dreiraumwohnung auf einem Gutshof. Kohlen konnte ich mir nur leisten, wenn ich von meiner Freundin aus Essen besucht wurde. Ein kleiner Bernhardiner kam in meinen Haushalt und hielt mich im Winter auf der Couch warm. Auch die Treibjagd sorgte für Anschluss ans Dorfleben. Lohn der Angst war eine Flasche Schnaps.

Ich erinnere ganz genau den Augenblick als meine Freundin Angela mir eröffnete, dass sie schwanger sei. Es war strenger Frost in Ostwestfalen und die Sonne schien. Ich konnte es gar nicht fassen und dachte nach, was zu tun sei. Damals musste man heiraten, aber ich glaube, wir haben es auch gerne gemacht. Mein Song in dieser Zeit war eindeutig „Sailing" von Rod Stewart. Immer wenn ich das Lied höre werde ich an diese Zeit erinnert. Wir waren jung, verliebt und wollten unseren Teil der Verantwortung für ein kleines Wesen gerne tragen. Das Studium setzte ich erst einmal fort, da Angela noch an ihrem Abitur strickte.

Zum Wochenende fuhr ich meist nach Hause, um mein Studiengeld aufzubessern. Dort fand ich bei meinem Vater Arbeit in der Backstube. Gegen Abend ging er immer mit dem kleinen

Bernhardiner spazieren, aber nur bis zur nächsten Wirtschaft, um seinen Stammtischbrüdern das neue Familienmitglied vorzustellen. Der kleine Kerl machte viel Eindruck, weil er so süß war. Der Kleine freute sich über Mettwurst und Frikadelle und so mancher Scherz wurde an der Theke gemacht. Ein Witz musste besonders gut gewesen sein. Vor lauter Lachen verlor mein Vater sei Gebiss und richtig, der kleine Bernhardiner schnappte es, noch bevor es zu Boden fiel.

An der Theke hatte es noch keiner gemerkt und so langte mein Vater ganz schnell ins Maul des Hundchens und entriß ihm die Beute. Ohne lange zu fackeln setzte er sich die Zähne wieder ein. Niemand hatte etwas gemerkt. Darüber war die Freude meines Vaters so groß, dass er es nicht für sich behalten konnte und es uns am Abend erzählte.

Der Unibesuch war nicht so sehr regelmäßig und meine Lücken in Chemie wurden immer größer. Bald hatte ich keine Lust mehr und ich kam wieder nach Essen, auch um mich um meine schwangere Freundin kümmern zu können. In der Bäckerei Thiesbürger in Essen-West heuerte ich an und fühlte ich mich als Bäcker sehr wohl.

In dieser Zeit wurde meine erste Tochter Nicola am 18. 8. 1976 geboren. Als junger Vater war ich sehr stolz. Natürlich war ich jetzt bei der Geburt dabei und werde sie nie vergessen. Damals gab es noch das Arnoldshaus am Krupp-Krankenhaus in Essen, was nachher einem Neubau weichen musste. Die Geburt lief nach Aussage der routinierten Hebamme komplikationslos. Für mich war es eine große Aufregung. Nach der Geburt fiel alle Anspannung von mir. Der Blutdruck sank in den Keller und konnte erst durch einen kräftigen Schluck aus der Cognacflasche, die die Hebamme für solche Fälle immer bereit hielt, beseitigt werden.

Mutter und Kind brauchten Ruhe und ich wurde nicht mehr gebraucht. Ich hatte jetzt die Aufgabe, die frohe Kunde in der Nachbarschaft zu verbreiten, um den Neubürger kräftig „pinkeln" zu lassen. Abends um neun fiel ich angetrunken ins Bett und träumte von Mutter und Kind. Der Wecker klingelte um 2:20 Uhr. Ich musste zur Arbeit. Aber durfte ich überhaupt fahren? Der Restalkohol vernebelte immer noch meine Sinne. Ich schwöre, es war das einzige Mal, an dem ich betrunken Auto gefahren bin.

Es kam so, wie es kommen musste. Dreihundert Meter vor dem Betrieb Thiesbürger hielt ich bei rot an der Ampel. Neben mir ein VW Golf, der eine rote Kelle hochhob und mir deutete, nicht weiterzufahren. Ich kurbelte das Fenster meines BMW 1502 herunter und bat noch die 300 Meter bis zu meiner Arbeitsstelle fahren zu dürfen. Die Polizisten in Zivil willigten ein. Gedanken schossen mir wie wild durch den Kopf. Sollte ich als junger Vater gleich ein so schlechtes Vorbild abgeben? Ich stieg aus dem Auto und die Beamten fragten mich, ob ich mit einer Alkoholkontrolle einverstanden wäre. Was sollte ich in der Situation machen? Ich willigte ein und pustete in ein vorbereitetes Röhrchen. Von den ganzen sonderbaren Geräuschen wurde auch mein Chef aus der Backstube gelockt, um zu sehen was los war. Die Polizisten versuchten, ihre Taschenlampe anzuschalten, um zu sehen, was das Röhrchen anzeigte. Doch die Taschenlampe versagte den Dienst. Ich sollte nochmal blasen. Mit dem Röhrchen ging der Beamte unter eine schummrige Laterne, die vor der Bäckerei stand. Als die Polizisten erkannten, dass das wohl nicht gerichtsfest sein würde, erkundigten sie sich danach bei meinem Chef, ob ich denn in den nächsten Stunden noch Autofahren müsste. Er erklärte alles, junger Vater und so weiter, sie sollten mal beide Augen zudrücken. Das taten die Beamten dann auch und mich nahm der Chef mit in die Backstube. Ihm sei das damals ganz genauso passiert, er sei aber nicht erwischt worden. Am ersten Tag meiner Vaterschaft hatte ich so richtig Glück gehabt.

Besuch in der DDR

Ein für meine weitere Entwicklung ganz prägendes Ereignis war die Einladung von Georg Görke, unseres damaligen Kaplans der St.-Hubertus-Gemeinde in Essen-Bergerhausen. Er fragte mich, ob ich Lust hätte, ihn bei einem Besuch seiner Tante in der DDR zu begleiten. „Westlern" war der einfache Zugang verwehrt, es sei denn, man hat eine Einladung einer engen Verwandten. Ich sagte zu, ohne zu wissen welches Abenteuer mich da erwartete. Als dritter Mann im Boot war es unser Küster Herr Waldau, den wir bei seiner Mutter in Magdeburg absetzten sollten. Die Fahrt startete in Essen und der Grenzübergang, den wir zu passieren hatten war Helmstedt und auf DDR-Seite Marienborn. Geladen hatten wir neben unserem normalem Gepäck auch zwei große Kartons mit Lebensmitteln für die Schwestern der Mutter Theresa in Berlin-Ost. Mutter Theresa hatte damals der Staatsführung der DDR eine Niederlassung in Ost Berlin abgetrotzt. Die Friedensnobelpreisträgerin setzte sich durch. Offiziell gab es keine Obdachlosen in der DDR. Deshalb waren die Schwestern in den Augen der Herrschenden im Osten nicht nötig. Die Schwestern kümmern sich aber auch um Kranke und sterbende Menschen.

Langsam rollten wir auf die scharf bewachte Grenze zu. Herr Waldau wurde immer nervöser und rauchte eine Zigarette nach der anderen. Das muss man mal mitgemacht haben, dachte ich und folgte artig den Anweisungen des DDR-Grenzpolizisten. Was das denn für Kartons wären, fragte er und las den Inhalt der Pakete laut vor. Danach telefonierte er mit einem Vorgesetzten und sagte, dass er die Pakete mal nicht öffnen würde. Er wollte den Schwestern mal glauben. Immer noch intensivster Qualm von der Rückbank. Ich drehte mich um und sah Schweißperlen auf der Stirn von Herrn Waldau. Als wir nach einer gefühlten Ewigkeit unsere Papiere wiederbekamen, durften wir endlich passieren. Kollege Waldau fiel ein Stein vom Herzen und seine Anspannung löste sich. Es eröffnete uns, dass er 1100 Deutsche Mark in einer Rama-Margarinedose in Cellophan eingewickelt hätte. Die Dose hat er fein säuberlich wieder glattgestrichen.

Dieses Geld hatte in der DDR den 11-fachen Wert. Es sei für seine Mutter zur Aufbesserung ihrer kleinen Rente. Wären wir damit aufgefallen, unsere DDR-Abenteuer wäre an der Grenze schon in den Bau abgebogen. West-Deutschland hätte uns freikaufen müssen.

Im Nachhinein war es unverantwortlich, ein solches Risiko einzugehen. Oft wurden Grenzgänger bis auf die Unterhose gefilzt. Dabei wären wir sicher aufgefallen. So fuhren wir weiter in Richtung Magdeburg, um Herrn Waldau bei seiner Mutter abzusetzen. Wir blieben eine Nacht, schliefen unter riesigen schweren Oberbetten. Die ganze Nacht das Hämmern der Braunkohlebagger. Morgens der feine schwarze Staub auf dem Oberbett und in der Nase. Zum Waschen stand uns eine große Karaffe mit Wasser zur Verfügung und eine Keramikschale. In den oberen Etagen gab es kein fließendes Wasser. Im Hof hatte sich schon eine Traube von Menschen um den alten Renault von Georg Görke versammelt. Der ursprünglich leuchtend gelbe Wagen war mit dem gleichen Staub überzogen. Trotzdem war das Interesse für das Westauto enorm. Jeder wollte mal Platz nehmen. Mit 5 Mark pro Person wären wir reich geworden.

Unsere Reise führte uns nach Görlitz, der ehemaligen Perle an der Oder. Die Brücke der Freundschaft war streng bewacht und abgeriegelt. Auf dem anderen Ufer der Neiße patrouillierten polnische Soldaten. Es war die Zeit des Umbruchs in Polen, vor der sich die DDR schützen wollte. Eine schöne, aber verfallende Altstadt wartete auf uns. Ein großes Althoff-Kaufhaus im typischen, ursprünglichen Architekturstil war unser Ziel. Alles, was bei uns im Westen als Massenware durchging, war dort sorgsam aufgestellt mit dem Hinweis „Berühren verboten". Selbst Salatreihen wurden kunstvoll in Szene gesetzt. Abgestützte Balkone, durch Baumstämme gesichert, begegneten uns in der Altstadt allerorten. Ich hatte das Gefühl, je weiter wir nach Osten fahren, um so sanierungsbedürftiger wurden die Städte. Unsere Reise ging weiter in Richtung Eichsfeld im Nordwesten von Thüringen. Das Eichsfeld war katholisch geprägt und es gab Wohneigentum, reizende Dörfer, von unseren kaum zu unterscheiden.

Die Menschen vermissten eigentlich nur die Reisefreiheit. Den Westen mit den großen Städten, den wollten alle wenigstes einmal sehen. Man würde ja auch sicher wieder zurückkommen wollen. Ich hätte alle gern in einen großen Flieger gepackt und mitgenommen. Wir wussten ja nicht, dass es in neun Jahren mit der Öffnung der Grenzen möglich sein würde. Weiter ging unsere Reise zur Tante von Georg im Bezirk Potsdam. Ein kleines Dorf war unser Ziel. Als wir ankamen, strahlte die Sonne mit der Tante um die Wette. Sie war nicht mehr die Jüngste und hatte sich mit dem Leben in der DDR arrangiert. Riesige Felder mit Monokulturen lagen vor ihrem kleinen Haus. Kein warmes Wasser, aber immerhin fließendes Wasser, was nicht selbstverständlich war. Wir wollten uns die Haare waschen. Eine Aktion, die gut vorbereitet sein wollte. Ein großer Eimer und ein ebenso großer Tauchsieder kamen zum Einsatz. Das Shampoo hatten wir selbst mitgebracht und die Tante staunte über den Schaum, den es produzierte. Gemeinsam schafften wir es dann auch, uns den Kopf zu waschen. Auch das Toilettenpapier war sehr gewöhnungsbedürftig. Wenn man genau hinsah, konnte man kleinste Späne erkennen. Rau und hart kam es rüber, da lob ich mir unser Westpapier. Georgs Tante hatte sich alle Mühe gegeben, uns den Aufenthalt so angenehm wie möglich zu gestalten. Sie hatte Fleisch gebunkert um uns zu verwöhnen.

Die Kneipe war abends unser Ziel. Es war draußen stockdunkel. Straßenlaternen wie bei uns? Fehlanzeige. Abends gegen 8 Uhr schloss die Wirtin offiziell die Läden und es wurde politisiert, immer in der Angst, ein Spion der Staatssicherheit hört mit. Es war ein schöner Abend mit Bier und Schnaps und erst spät legten wir uns schlafen. Bezahlt habe ich in Westmark, was die Wirtin außerordentlich freute.

Der Abend hatte sich gelohnt. Am nächsten Tag besuchten wir den Friedhof des Dorfes, der auf uns einen verwilderten Eindruck machte. Es gab aus früheren Zeiten noch Gräber der alten Gutsleute. Es waren genaugenommen Grabhäuser mit aufgeschichteten Särgen. Durch die schadhaften Dächer konnten wir ins Innere blicken. Auch einige Särge waren beschädigt und ich konnte Schädel mit Haaren erkennen, für mich ein völlig ungewohnter Blick. Im hohen Gras fanden wir Menschenknochen, vielleicht von Tieren hier her geschleppt. Wir sammelten sie in einem Eimer und bestatteten sie in einer ausgehobenen Grube.

Die Zeit des Besuches in der DDR ging nun langsam zu Ende. Es war sicher der eindrucksvollste Urlaub, den ich je gemacht habe. Im Grunde genommen war es eine Zeitreise. Die Ostdeutschen waren 50 Jahre zurück. Es war sehr eindrucksvoll für mich und ich bin froh, dass die politische Situation sich so geändert hat und die DDR wieder zu Deutschland gehört. Es wächst zusammen, was zusammen gehört. Die Worte von Willy Brand haben sich mir ins Gedächtnis gebrannt. Und von diesem Deutschland darf nie mehr Krieg ausgehen.

Rückkehr in den heimischen Betrieb

Es kam, wie es kommen musste – dem Ruf des Vaters folgend fing ich wieder im heimischen Betrieb an. Nach einiger Zeit dann die schöne Zeit in Olpe auf der Bäckereifachschule. Drei Monate büffeln für die Meisterprüfung, die mir dann auch gut gelang. Als Meister hatte ich viele Ideen im Kopf. Ich hatte den Eindruck, bestimmte Dinge verändern zu müssen. Es war natürlich auch ein Kampf mit meinem Vater um die Ausrichtung der Bäckerei. Gleiches Phänomen nahm ich meinerseits bei meiner Tochter Tina wahr, als sie ihren Meister in der Tasche hatte.

Er hatte damals aus Ärger über seinen Nachbarn dem Metzger Coburger mit dem Belegen von Brötchen begonnen. Metzger Coburger bezog seine Brötchen von der Bäckerei Zeller und belegte diese zum Verkauf. Am meisten aber ärgerte Vater, dass der Kollege Zeller mit seinem Firmenwagen, der als solcher durch seine Beschriftung eindeutig zu erkennen war, genau vor unserem Schaufenster hielt, um auszuladen. Aus der Rache wurde eine lukrative Geschäftsidee. In Spitzenzeiten belegten wir 300 bis 400 Brötchen an einem Vormittag. Ein Freund meines Vaters half aus, da er auch als Rentner nicht so lange schlafen konnte. Einige unserer Kunden und Lieferanten ließen sich am Küchentisch nieder, bekamen Kaffee und Brötchen und vor allem die neusten Geschichten der Gegend zu hören. Es war eine richtige Fangemeinde, die sich morgens traf.

Eine Geschichte stach heraus. Ein Brillantenhändler frisch aus Antwerpen ließ sich am Küchentisch nieder. Er wurde gefahren von einem sehr kräftigen jungen Mann, der die Aufgabe eines

Bodyguards erfüllte. Der Diamantenhändler war nach einer durchzechten Nacht schwer angetrunken und offensichtlich nicht mehr Herr seiner Sinne. Er fasste in seine Manteltasche und legte eine Handvoll funkelnder Brillanten auf den Tisch. „Na Hermann, möchtest du deiner Frau nicht mal ein schönes Geschenk machen?" In seiner Trunkenheit fiel ein Brillant zu Boden. Vater dachte, der Brillihändler hätte das nicht gemerkt und stellte seinen Fuß auf das schöne Steinchen. Von wegen. Der Händler packte seine Brillanten wieder zusammen und steckte sie in die Manteltasche, nicht ohne meinen Vater nach dem Brilli unter seinem Fuß zu fragen. Dieser Fauxpas war meinem Vater ein Extra-Brötchen für die Weiterfahrt wert und ein gekochtes Ei dazu. Noch oft machte der Diamantenhändler bei uns Station, denn wo gab es so leckere belegte Brötchen, Kaffee und gute Unterhaltung dazu?

Neidisch wurden wir von anderen Bäckern beäugt. Von da an hieß es in Bäckerkreisen „die Pommesbude Welp". Ja, von wegen! Das war so erfolgreich, dass später keine Bäckerei in Deutschland mehr darauf verzichten konnte, bis auf eine – Josef Hinkel in Düsseldorf. Er ist noch Heute das Non plus ultra des deutschen Backgewerbes. Ein toller Kerl und guter Kollege, der es in Düsseldorf bis zum Karnevalspräsidenten gebracht hat.

Vaters Idee nahm ich auf und verfeinerte – zu höherem Preise – die belegten Brötchen mit Salat, Thunfisch, Fischstäbchen, Tomate-Mozzarella und so weiter. Damals lernte ich, eingetretene Pfade zu verlassen, allen Unkenrufen zu Trotze, meine Pfade zu beschreiten. Ohne zu wissen, was das in späteren Jahren für mich bedeuten sollte. Beständig ist nur der Wandel.

Die Bäckerinnung war zu der Zeit sehr konservativ aufgestellt. Obermeister der Innung suchten ihre Vorteile und nutzten sie auch. Hier nehme ich meinen Mentor Bernhard Küpper-Fahrenberg ausdrücklich aus. Ein sehr feiner Mensch, der leider viel zu früh von uns gehen musste. Mit seinen Töchtern verbindet mich eine lebenslange Freundschaft. Mit Gilla war ich in der Berufsschule. Wir treffen uns drei- bis viermal im Jahr und für mich ist es immer intensiv. Ich hoffe, dass wir gesund bleiben und das Erbe unserer Väter weiterführen dürfen. Auch sie waren enge Freunde. Aus der damaligen Bäckergeneration gibt es viele Freunde, die meinen Weg begleitet haben.

Bernd Siebers, als Landesinnungsmeister, Georg Eicker, Christian Förster, auch ein Mitschüler aus Berufsschulzeiten. Mein Berufsschullehrer Herr Schröder, ein handfester Typ, der mich zum Berufsschullehrer machte, als es keine gab und den ich öfter, auch kurz vor seinem Tod, noch einmal besuchen durfte. Es sind Erinnerungen und Freundschaften, die über das normale Maß der Zunftzugehörigkeit weit hinaus gingen. All diese Freundschaften inspirierten mich zu außergewöhnlichen Aktivitäten, die mich später zu dem werden ließen, der ich heute bin. Dafür empfinde ich Demut und danke allen, die mich mit meinen „Spinnereien" auch ertragen haben. Das war nicht immer selbstverständlich. Irgendwie war ich ein Typ, der vordachte und sich manchmal nicht recht traute das öffentlich zu machen. Manchmal auch aufmüpfig den Honoratioren gegenüber. Heute, 30 Jahre älter, bin ich noch genauso, aber ohne die geringste Angst etwas falsch zu machen. Ich muss schauen was geht und gut ist. Man hat Erfolg damit, wenn man den Respekt vor dem gegenüber behält. Mir war es immer wichtig um die Sache zu streiten und nicht persönlich zu werden. Ausgleich und Kompromisse sind im Leben wichtig . Oftmals fiel es auch mir schwer. Solche Einsichten fallen nicht vom Himmel, sondern man muss hart darum ringen, am meisten mit sich selbst.

Die Jahre im elterlichen Betrieb waren hart. Es gab keine freien Tage, mal höchstens 14 Tage Urlaub im Jahr und man wurde auch mal neidisch auf andere. Es wurde 1981 meine zweite Tochter Kristina geboren, von der später noch die Rede sein wird. Im Jahre 1989, mein Vater war 67 Jahre alt und meine Mutter 66 Jahre, musste sich in Richtung Nachfolge etwas tun. Meine Eltern machten von sich aus keine Anstalten, dieses Thema anzugehen. Vielleicht hatten sie Angst, ich könnte das nicht schaffen. Es folgte ein Gespräch mit meinen Eltern in deren Wohnzimmer. Vater saß, wie immer wenn es Ernst wurde, auf dem Nachtspeicherofen im Erker und starrte nach draußen. Wichtige Entscheidungen wurden immer so getroffen. Oft hatte Mutter das Sagen in der Familie. Wenn es um die Bäckerei ging, war es ganz allein unser Vater. Also musste ich ihm die Pistole vor die Brust setzen. Ich war schließlich 36 Jahre und hatte Lust darauf, mich zu beweisen und auch die Weichen anders zu stellen. Wir waren im richtigen Alter und hatten Ideen, die nicht unbedingt auf sein Wohlwollen stießen. Wir, dass war meine zweite Frau Heike, die aus dem schönen Soest ihre kleine Tochter Juliane mitbrachte. Juliane war gerade eineinhalb Jahre alt und stand mir sehr kritisch gegenüber. Kinder in dem Alter haben schon ein sehr gutes Gefühl für Veränderung. Der neue Mann machte ihr sicher auch Angst. Wir waren jetzt eine Patchworkfamilie mit drei Kindern. Fest entschlossen stürzten wir uns in die Zukunft. Zwei Jahre später sollte noch ein weiteres gemeinsames Kind die Familie vergrößern. Die lang ersehnte Janna wurde 1992 geboren. Der Spagat zwischen Patchworkfamilie und Betrieb mit seinen Begleiterscheinungen war nicht immer leicht. Eigentlich kann eine Betriebsgründung keinen außerbetrieblichen Stress vertragen. Den hatten wir in der Rückschau eindeutig unterschätzt. Aber wir waren jung und trauten unserer Liebe alles zu. Später stellte sich heraus, dass es doch nicht gereicht hat. Aber eins nach dem anderen.

Mein Bemühen war es immer, meine leiblichen Kinder nicht zu bevorteilen. Ob mir das immer so gelungen ist glaube ich nicht, aber ich habe mich bemüht. Juliane wurde sehr geprägt durch das ländliche Leben und ging beruflich auch in Richtung Lebensmittel. Irgendetwas bleibt immer hängen. Auch heute haben wir noch Kontakt. Aus Papa ist Hermann geworden und das ist auch gut so.

Betriebsübergaben sind immer schwierig. Vater war der Prototyp eines Bewahrers. Aktivitäten wie Filialisierung, wie andere Bäckereien es vornahmen, waren nicht sein Ding. Er prognostizierte dass diese Bäckereien nicht lange Bestand haben. Bei manchen hatte er recht. Heute liefern sich die großen Filialisten einen gnadenlosen Konkurrenzkampf und bestimmen den Essener Bäckereimarkt mit einem nahezu gleichem Warenangebot. Wir wollten unsere Nische finden und die hieß damals Bio.

Im Jahr 1990 war es dann soweit. Endlich konnte ich Verantwortung übernehmen. Die Betriebsübernahme stand an. Der Betrieb brauchte unbedingt Lieferungen und vielleicht eine Filiale, denn der Umsatz ging spürbar zurück. Es kam die Zeit des Bäckereisterbens. Zu meiner Lehrzeit gab es noch 480 backende

Betriebe in Essen. Jetzt waren es noch knapp die Hälfte. Doch es sollte noch viel schlimmer kommen. Mein Vater konnte sich nur schlecht trennen. Meiner Mutter fiel es schon leichter. Nach der Übergabe am 1. Januar 1990 sind sie nie wieder im Betrieb in Erscheinung getreten, wofür ich heute noch dankbar bin.

Das Bäckereisterben begann schon zu der Zeit und hatte sicher auch seinen Grund darin, dass den Kunden nicht mehr deutlich wurde wo der Unterschied lag zwischen der handwerklichen Bäckerei und den Billigangeboten der Discounter. Dazu kamen Backshops an der Ecke. Deutlich war nur der Unterschied im Preis. Convenience-Produkte überschwemmten den Markt. Das fing an beim Sauerteig bis hin zu Mehlmischungen, bei denen nur noch Wasser und Hefe zuführen musste um ein Brot zu backen, das wie Brot aussah, aber schon nach einem Tag strohig und trocken war.

Dann die unselige Zeit der Tiefkühl-Waren. Die Werbung versprach uns: einfach auftauen lassen, abbacken und Lohnkosten sparen. Nahezu alles gab es halbgebacken und tiefgekühlt zu kaufen. Das hatte zur Folge, dass Facharbeiter immer knapper wurden und billige Arbeitskräfte das leisten wofür Bäcker früher drei Jahre lernen mussten. Waren es im Jahre 1960 noch 55.000 backende Betriebe auf dem Gebiet der Bundesrepublik, so waren es 2018 in ganz Deutschland mit dem Osten zusammen nur noch 11.347. Ein solcher Abschmelzungsprozess ist auch bei den Metzgern zu finden.

Mit meiner damaligen Frau Heike ging es mit Volldampf in die 90er Jahre. Wir besorgten ungebleichtes Verpackungspapier und suchten uns Bioland als Anbauverband aus und buken jahrelang zweigleisig Bio-Brot und -Brötchen und konventionelle Produkte. Mit Backbord und Troll waren wir die einzigen. Es war eine spannende, arbeitsintensive Zeit, in der wir auch unser Zuhause mit vielen Tieren und einen großen Garten als Selbstversorger teilten.

Das Haus aus dem 17. Jahrhundert stand in Essen-Werden. Wunderschön im Fachwerkstil, aber technisch völlig aus der Zeit gefallen. Mit Kohleofen, der das ganze Haus heizte. Ich lernte, dass man wohlige Wärme sich erst verdienen muss. Im Winter war es lausig kalt und das Kohlelager war außerhalb des Hauses angelegt. Nie habe ich eine schönere Wärme kennengelernt. Meine Kinder lernten Eisblumen an den Fenstern kennen, die es heute bei der Doppelverglasung nicht mehr gibt. Unsere Kinder haben damals fundamentale Dinge gelernt, die Kindern in der Stadt nicht zugänglich waren. Auch heute sehe ich bei ihnen, dass ganz viel übrig geblieben ist aus der Zeit unseres einfachen Landlebens. Unser Vermieter Herr Ansorge war ein durch seine körperliche Behinderung in seinen Bewegungen eingeschränkt, aber im Kopf hellwach. Früher hatte er im Magazin der Zeche Pörtingsiepen gearbeitet.

Er sagte mal zu mir, wenn du hier „Zeche Raus" rufst, fällt in Haus und Schuppen alles zusammen. Da hatte er wohl Recht. Im Schuppen lagerten Werkzeuge aller Art in Hülle und Fülle. Besorgen brauchten wir uns nie etwas, alles war da. Wir bauten Ställe, einen Teich und gestalteten den Garten. Das wichtigste aber war, wenn ich mal einen Rat brauchte, Herr Ansorge hatte immer die besten Tipps und wusste wie es geht. Er lehrte mich, wie man mit einer Sense umgeht, einen Schweinestall baut und vieles mehr. Als der Stall fertig war, waren besonders die Kinder auf die Ankunft des ersten Ferkels recht gespannt.

Ich kaufte es von einem benachbarten Bauern und kam mit dem Ferkel im Kofferraum heil zu Hause an. Mit dem quiekendem Ferkel auf dem Arm ging es zum Stall, der mit einer dicken Strohschicht eingestreut war. Ich hatte ein gutes Gefühl und den Eindruck, es fand sich gut zurecht. Die Kinder blieben beim Ferkel im Stall und ließen es nicht aus den Augen. Wir saßen gemütlich in der Küche bei einer Tasse Kaffee. Plötzlich kamen die Kinder in die Küche gestürmt und berichteten, das Schwein hätte sich hingelegt und würde schlafen, hätte aber einen ganz blauen Bauch. Blauer Bauch? Ich rannte zum Stall. Tatsächlich, da war nichts mehr zu machen, Herzinfarkt und mausetot. Die Kinder weinten und ich brachte das tote Tier wieder zum Bauern. Er tauschte es um, gab dem neuen Ferkel aber eine Beruhigungsspritze und steckte es bis zum Hals in einen Sack aus Jute.

So wurden früher Schweinchen transportiert. Diesmal überlebte das Ferkel und wuchs zu einem kräftigen Schwein heran. Unser Hofhund Bosco, ein kräftiger schwarzer Labrador, hatte es einmal gejagt und am hinteren Schinken erwischt. Eine klaffende Bisswunde war das Ergebnis. Es blutete stark und ich lockte das Schwein mit Leckerchen in den Stall. Im Stall behandelte ich die Wunde mit Blauspray, einem Desinfektionsmittel aus der Pferdehaltung. Ich sprühte das Mittel auf die Wunde und das Schwein machte einen Satz nach vorn. Mir wurde Angst und Bange. Nach Sekunden des Schmerzes war alles wieder in Ordnung und die Verletzung kümmerte das Schwein nicht mehr, denn es gab ja etwas zu fressen. Man konnte am luftgetrockneten Schinken später noch die Narbe von Boscos Biss sehen.

Wir wurden unsere Retouren aus der Bäckerei an die Schweine, Gänse, Enten, Schafe und Hühner ohne Mühe los. Zu Weihnachten hatten wir Bestellungen an Gänsen, manchmal blieb für uns keine mehr übrig. Es war eine wunderschönes Leben in Essen-Werden auf unserem idyllisch gelegenen „Bauernhof". Leider konnten wir den Hof nicht kaufen. Wegen Eigenbedarfs mussten wir ausziehen. Bei Bauer Ridder in Essen-Kray-Leithe fanden wir ein neues Zuhause. Eine tolle Wohnung, die teuerste, die wir je gemietet hatten. 1700 DM kalt sollte sie kosten. Ich werde nie vergessen, wie der alte Herr Ridder unsere Familie zum Essen lud.

Er wollte nur wissen, ob sich all unsere Kinder benehmen konnten. Tischmanieren waren wichtig und ließen Rückschlüsse zu. Wir bekamen die Wohnung und bald auch Janna, meine dritte Tochter, im Jahre 1992. Die Kleine entwickelt sich prächtig. Der Betrieb erfordert viel Zeit und intensives Arbeiten ist angesagt. Die Zahlen sprechen für sich, so dass man sich auch mal etwas leisten kann. Bei der Mietsumme, die wir für unsere Wohnung aufbringen müssen, könnten wir auch ein Haus abbezahlen. Also machten wir uns auf die Suche nach einem geeigneten Objekt. Inserate in Zeitungen, Schaukästen bei Banken und Maklern, alles blieb unter ständiger Beobachtung. Ich saß bei Bürozeiten im Büro, als nach energischem Klopfen unsere etwas burschikose, resolute Reinigungskraft die Tür öffnete. In ihrer dunklen Stimme presste sie einen Satz heraus, der bis heute für meine Wohnsituation Bedeutung hat: „Suchen nen Haus? Ich hab eins."

Schon am nächsten Tag brachte sie einen Schlüssel mit und ich konnte es kaum erwarten, das Haus Hexentaufe in Essen-Rellinghausen zu besichtigen. Drei Jahre war es unbewohnt, man sah es Haus und Garten an. Hier musste aber auch alles renoviert werden. Die Bausubstanz war das einzige, was mich hoffnungsvoll stimmte. Schwiegervater war Schreiner und in der Siedlung gab es genug Handwerker, die gerne mit anpackten um dieses Haus aus dem Dornröschenschlaf zu küssen. Der Preis war in Ordnung und die Abzahlungsraten waren immer noch geringer als die jetzige Miete.

Der Standort direkt am Wald, mit einer riesigen Pappel im Vorgarten und einer fast größeren hinterm Haus war eine Herausforderung für den grünen Daumen. Die Pappel war von den gegenüberliegenden Stadtteilen Überruhr und sogar Kupferdreh aus noch gut zu sehen. Das Gras im Garten stand einen Meter hoch und war nur mit einer Sense zu bezwingen. Aber das hatte ich ja auf unserem Grundstück in Essen-Werden damals vom Hausbesitzer gelernt. Also nicht kleinkriegen lassen!

Nachdem das Urteil einiger Fachleute positiv war, stimmten wir der Kaufsumme zu. Auch die Bank spielte mit, und so konnten wir bald schon mit der Entkernung des Gebäudes beginnen. Alle packten mit an. Ich war für das Grobe zuständig, Schwiegervater für die Holzarbeiten und selbst Oma wurde zum Schrecken des Grüns zwischen den Steinen. Es ging gut voran, so dass wir schon im Jahre 1993 in unsere neues, eigenes Haus einziehen konnten. Die Nachbarn und auch viele aus der Gottfried-Wilhelm-Siedlung kannten mich vom Fußball. So kamen wir schnell ins Gespräch und es wurde uns viel Hilfe zuteil.

Die Jahre zogen ins Land. Unsere geschäftliche Lage blieb stabil, aber über die Beziehung zogen dunkle Wolken, die ich gerne weggeblasen hätte. Leider kam es anders. Diese Zeit wurde sehr schwer für mich und führte mich an den Rand der Verzweiflung. Allein meine Verantwortung meinen Kindern und den Familien der Angestellten gegenüber forderten mich zum Durchhalten auf. Ich kann seitdem jeden verstehen, der an dieser Stelle nicht mehr weiter weiß und aufgibt. Da war sie wieder, die Aufforderung meiner Kindheit: „Indianer kennen keinen Schmerz, hart wie Kruppstahl, zäh wie Leder". Meine Arbeit ließ mich seelisch und auch körperlich überleben. Es war eine Lehre, die ich mein zukünftiges Leben nicht vergessen sollte.

Wenn man darüber nachdenkt, welche Voraussetzungen Menschen mitbringen müssen, die eine selbständige Berufslaufbahn anstreben. Wenn man mit Menschen zusammenarbeiten arbeitet, muss man diese auch mögen. Wenn man es dann noch schafft, diese Menschen mitzunehmen, so ist schon viel geschafft. Die Fähigkeit, vorne im Wind zu stehen ist unbedingt nötig. Wenn man hinfällt, muss man auch wieder aufstehen. Niederlagen sind manchmal wichtiger als Siege. Daraus gewinnt man mehr Selbstbewusstsein und dazu den Glauben an sich selbst. Es gibt eine Vielzahl von Tugenden, die notwendig sind. Dazu gehören auch Beständigkeit, Eitelkeit und Geltungsbedürfnis, und die Fähigkeit, die dafür sorgt, dass man hinten wieder reinkommt, wenn man vorne rausgeschmissen wird. Ich habe auch die Erfahrung gemacht, dass man Prozesse auch mal laufen lassen muss, ohne etwas zu sagen.

Viele Sitzungen beim Paartherapeuten konnten trotz kurzfristiger Erfolge und eines schönen Korsikaurlaubs die Trennung nicht verhindern. Den Kontakt zu meinen Kindern gab ich niemals auf, auch wenn es manchmal schwierig war. Heute bin ich froh, zu den Vätern zu gehören, die den Kontakt zu allen Kindern gehalten haben. Natürlich wurde ich mit Vorwürfen auch von den Kindern konfrontiert. Da wurde der Spagat zwischen Familie und Betrieb deutlich sichtbar. Man wird sicher nicht jedem gerecht. Alles, was auf mich einprasselte, strapazierte mich aufs schärfste. Sicher sind mir auch Fehler unterlaufen. Je älter meine Kinder werden, umso mehr finden sie durch ihr eigenes Leben Verständnis für mich. Es war bis dahin sicher die größte Krise in meinem Leben, aber auch hier habe ich meinem Vorsatz, in der Krise eine Chance zu sehen, vertraut.

Schnell lernte ich eine neue Partnerin kennen, wieder aus dem schönen Sauerland. Meine besten Kumpels waren dafür verantwortlich. Beide sahen meine psychisch schlechte Verfassung und schleppten mich zum Osterhäschenball nach Oeventrop, einen Stadtteil von Arnsberg. Dort schoss Amor seine Pfeile ab und es war um mich geschehen. Dieses Kribbeln im Bauch lenkte meine Traurigkeit wieder in Richtung Euphorie. Nach einigen Besuchen in der Folgezeit lernte ich Arnsberg, die Menschen und natürlich Ela immer besser kennen. Mein Job als Selbständiger ließ mir zwar wenig Zeit, aber die opferte ich dann auch manchmal auf der Autobahn hin und zurück. Ich glaube, mein Auto fuhr die Strecke ohne mein Zutun.

Ich lernte Sitten und Gebräuche der Arnsberger kennen und schätzen. Der Sack Salz war schnell gegessen und das Schützenfest stand vor der Tür. Hier wurde natürlich meine Trinkfestigkeit aufs genaueste geprüft. Ich habe mich in diesem ländlichen Umfeld ehrlich richtig wohlgefühlt. Eine große Familie nahm mich freundlich auf und die anstehenden Urlaube wurden im Freundes- und Familienkreis verbracht.

Im Osterurlaub 1999 kündigte sich meine Tochter Luca Marielena an. Die Freude meiner Partnerin hielt sich zunächst in Grenzen, dann aber, je näher der Geburtstermin kam, konnte sich die ganze Verwandtschaft und natürlich auch meine Freundin auf die Geburt freuen. Die Vorbereitungen waren immens. Die guten Ratschläge natürlich auch. Schließlich war es auch soweit und es wurde ein süßes Mädchen.

Sauerländer und Ruhris sind doch kompatibel, wie ich feststellen durfte. Die Millenniumsfeierlichkeiten fanden auf dem Schloss hoch über Arnsberg statt. Dieser Jahreswechsel an diesem Ort bleibt mir ewig in Erinnerung. Diese Schlossruine bietet einen fantastischen Blick auf Arnsberg und seine Umgebung. Von dort aus war das Feuerwerk besonders gut zu beobachten.

Im Januar 2002 kam der Euro als Zahlungsmittel und löste die gute alte D-Mark ab. Merkwürdigerweise ging es mit den Umsätzen in der Bäckereibranche bergab. Die Leute wurden vorsichtig, viele Ältere hatten auch schon Währungsreformen hinter sich und keine guten Erinnerungen daran. Auch die Bäckerlandschaft veränderte sich. Für alteingesessene Betriebe gab es keine Nachfolger. So besetzten große Filialisten die Standorte und vergrößerten sich. Kleine Fachgeschäfte schlossen und mit ihnen verschwanden wertvolle Rezepturen und Gebäcke, die heute in den Läden nicht mehr zu finden sind. Aber dazu später sicher noch mehr. Auch die Bäckerei Welp ließ die Währungsumstellung nicht kalt. Wir mussten kämpfen, um die Umsätze wenigstens zu halten, was schon schwer genug war. Die Kosten stiegen und so war eine Schieflage bald manifestiert. Ich musste gegensteuern. Der ständige Kampf um die Bezahlung von Rechnungen ging richtig an die Nerven.

Wer eine solche Talfahrt als Selbständiger noch nicht mitgemacht hat, war nicht selbständig. Es kann auch sein, dass so etwas einen Menschen im Umgang mit anderen verändert. Ich zog mich zurück, grübelte. Man sucht die Schuld bei sich, obwohl man 70 bis 80 Stunden arbeitet. Mein fester Wille war: „ich muss da durch". Auch im Betrieb merkte man es, die Angestellten waren nervös. Die Frage stand immer im Raum: „ist mein Arbeitsplatz noch sicher?" Ich konnte ihnen die Frage nicht beantworten. Die Bank räumte einen höheren Überziehungskredit ein und so war mein Unternehmen erst einmal wieder zahlungsfähig.

In der Gesellschaft stieg die Arbeitslosigkeit. Hier im Revier sowieso, auf 15%. Vier Millionen Menschen waren ohne Arbeit. Man schuf die Agenda 2010, um darüber die Arbeitslosenzahlen zu halbieren. Die Kaufkraft der Bevölkerung ließ nach und ich stellte mir die Frage, wie es weitergehen sollte. Die Discounter Aldi und Lidl verstärkten ihre Bemühungen, auch „frisch gebacken" zu verkaufen und köderten so die Kunden von den Bäckereien weg. Die Bäckerinnung nahm das zuerst gar nicht ernst und glaubte nicht an die Konkurrenz. Schon damals habe ich davor gewarnt, zu leichtfertig mit dieser Konkurrenz zu verfahren. Es musste also etwas passieren – nur was, das hatte sich mir noch nicht so erschlossen.

Gar nicht in Frage kam eine weitere Filialisierung. Da produziert man nur noch mehr Kosten. Die guten Standorte waren sowieso von den Filialisten abgegriffen. Auch bei denen machten sich Ermüdungserscheinungen breit. Läden schlossen, andere öffneten. Kaum ein Laden ohne angehängtes Café. Manche Filialisten eröffnete nur Läden mit Café. Es bildeten sich Ketten mit mehr als 50 Standorten in und um Essen. Die Zahl der backenden Betriebe nahm immer mehr ab. Zusätzlich verstärkten die miese Situation Franchise-Unternehmen, die sich SB-Bäckereien nannten, also schnell vor Ort aus Tiefkühlteiglingen buken und in Selbstbedienung verkauften. So kam es, dass nur noch 28 backende Betriebe in Essen ihre Pforten täglich öffneten. Wir waren noch dabei. Die Anzahl der Betriebe, die seit 100 Jahren und mehr in Familienbesitz sind, war an einer Hand abzuzählen. Das an sich ist schon eine Leistung, auf die ich doch stolz war. Trotzdem sah ich entfernt dunkle Wolken über den Betrieb ziehen. Auflagen der Behörden, und waren sie noch so unsinnig, mussten hingenommen und umgesetzt werden. Das alles ging richtig ins Geld. Unterhaltszahlungen taten ihr übriges. Kurzum, es musste etwas passieren. Und es passierte etwas.

Hier fängt meine italienische Geschichte an, von der ich glaube, dass ich sie verdient habe.

Italien

Es war Anfang 2004, als meine große Tochter Nicola wie immer ihren Lieblingsitaliener auf der Rüttenscheider Straße ansteuerte, um für ihren Freund Antipasti einzukaufen. Sie kam mit der Inhaberin ins Gespräch und diese klagte über ihren unzuverlässigen Bäcker. Unzuverlässigkeit war auch bei Italienern nicht beliebt. „Dann frag doch meinen Papa, der kann das auch."

Wenige Tage später meldete sich eine feste Stimme mit leicht italienischem Akzent an meinem Telefon. Wir verabredeten uns im Lorenz, einem schönen Lokal auf der sogenannten „Rü". Eine hübsche, gut gekleidete Frau nahm mich in Empfang. Wir sprachen über Sizilien, übers Backen und über unsere Kundschaft. Ich war fest entschlossen, ihre Wünsche backtechnisch zu erfüllen. Da ich damals im Internet noch nicht zurecht kam, wälzte ich Backbücher, Kochbücher und alles, was ich an Literatur über das Backen in Italien finden konnte. Ich backte auf Teufel komm raus Gebäcke, von deren Aussehen und Geschmack ich überzeugt war. Zwei schöne, ausladende, geflochtene Körbe sollten es sein, die ich mit herrlich frischen Backwaren füllen wollte. Stolz präsentierte ich ihr mein Werk.

Es kamen nur vier Worte aus ihrem Mund: „Schön, aber alles Scheiße." Zu sehr Deutsch.

Da stand ich nun. Deutscher Bäckermeister mit Urkunde der Bäckerinnung für Brot und Brötchen, überhäuft von der kleinen, strengen Sizilianerin mit ganz konkreten Vorstellungen. Als sich meine Schockstarre löste, sagte ich die ersten Worte. Da lernte ich: Sizilianerinnen haben immer das erste und auch das letzte Wort. Ihr deutscher Ehemann tat mir etwas leid, aber eine solch selbstbewusste Geschäftsfrau ist bestimmt auch nicht das schlechteste. Ihre ersten Worte waren sehr bestimmt: „Du fliegst nach Sizilien und wohnst in der Ferienwohnung meines Papas, der dir Termine in Bäckereien der Umgebung beschafft. Er hat hier 30 Jahre im Bergbau gearbeitet und kann dir dolmetschen." Immer noch geschockt sagte ich wie von selbst „Ja." Ich weiß nicht, warum, aber dieses Ja sollte mein Leben verändern.

Vierzehn Tage später saß ich mit meiner Lebensgefährtin Simone im Flieger nach Catania. Etwas schlau gemacht hatte ich mich, so dass mir Sizilien nicht ganz so fremd war. Wir sollten dann in den südlichen Teil der Insel. Gelandet in Catania hielten wir Ausschau nach unserem Herbergsvater, den wir ja noch nie gesehen hatten. Irgendwann im Gewühl machte ein kleiner Herr auf sich aufmerksam und sprach uns an: „Hermann, si?", danach dann auf Deutsch – genau mein Typ.

Daraus entwickelte sich eine besondere Freundschaft. Wir verstauten unser Gepäck in einen alten Mercedes, der immerhin über eine Gasanlage verfügte. Es ging durchs Landesinnere nach Marina di Ragusa, der Ort, in dem die Italiener Urlaub machten. Er zeigte uns stolz seine Ferienwohnung, die wir auch gleich bezogen. Während der Fahrt erklärte er uns seinen Plan, was er uns alles zeigen wolle. Drei Bäckereien sollten es sein, die er uns zeigen würde. Ich habe mich voll auf ihn verlassen, mir blieb in dem fremden Land, ohne Ortskenntnis und Sprache auch nichts anderes übrig. Abenteuer pur. Zunächst lernten wir seine Frau kennen. Das war also die Mutter meiner Sizilianerin aus der

Rüttenscheider Straße. Eine resolute Persönlichkeit, die jedem Klischee entsprach.

Ich schrieb ja, dass Italienerinnen das erste und das letzte Wort hätten. Uns war sofort klar, wer hier die Hosen an hat. Sehr liebenswürdig wurden wir bewirtet und irgendwie hatte ich das Gefühl, dass ihr Mann Alfredo es uns nicht recht machen könnte. Doch da konnte sie unbesorgt sein. Alfredo und ich waren schnell ein Team. Alles mit Humor nehmen und nicht so genau nehmen, das war auch meine Devise. So kamen wir gut klar und unserem ersten Besuch einer Bäckerei stand nichts im Wege. Es sollte die Bäckerei einer alleinstehenden Frau sein, die für die Gastronomie in der Umgebung sizilianische Brote in Ringform und Grissini, knusprige, fingerdicke Teigstangen, herstellte. Sie war erst vor kurzem von ihrem Mann verlassen worden und stand nun ganz alleine da, mit ihren drei Kindern und ihrer Mutter. Der alte Mercedes brachte uns in ein kleines Dorf und hielt vor einem unscheinbaren Laden. Werbung war hier wohl ein Fremdwort und so hielten wir. Hier sollten also meine ersten Schätze der italienischen Schiene meiner Bäckerei verborgen sein.

Alfredo klopfte nie an, er ging einfach rein. Es war schon spät am Abend und die gute Frau hatte mit der Arbeit schon begonnen. Ich sah mir die Ausstattung der Bäckerei an, die mir sehr spartanisch vorkam. Ein mit Holz befeuerter Ofen, eine Teigmaschine und ein Rundkegelwirbler, den nicht mal ich hatte, konnte ich erkennen. Das Licht war dünn und Hund und Katze wurden schnell aus der Backstube gejagt. Wir wurden gebeten, etwas leise zu sein, die Kinder schliefen hinter dem Ofen. Das musste ich sehen. Tatsächlich, ein Etagenbett stand dort, in dem drei kleine Kinder seelenruhig schliefen. Der Ton zwischen Alfredo und der Bäckerin war durchaus freundlich und auch vertraut. Ich hatte mir ein kleines Notizbüchlein mitgebracht, um dort meine „Schätze" schriftlich festzuhalten. Hier wurde also herrliches sizilianisches Brot gebacken. Rund, kross und aufgeplatzt. Danach später, wenn der Ofen etwas abgekühlt ist, kamen Grissini hinein – mit Sesam und Kräutern, aber auch natur. Mehr wurde nicht hergestellt.

Vorteige für das sizilianische Brot standen, vom Mond beschienen und mit einem Tuch abgedeckt, in großen Wannen draußen auf dem Hof. Der Boden der Backstube war aus Lehm, der so fest wie Beton war. Alles in allem machte die Frau einen zufriedenen Eindruck und schien sich über über eine Abwechslung zu freuen. In Deutschland wären der Laden und die Backstube sofort geschlossen worden. Hund und Katze ging gar nicht. Auch der Feuerbestimmungen wäre die gute Frau wohl erlegen. Aber Deutschland und die EU-Gesetze spielten hier keine Rolle. Hier gilt der Grundsatz „Leben und leben lassen" und was ich noch erfahren sollte: Mafia.

Nachdem wir auch noch die Mutter kennenlernten, die bis zum Mittag das Geschäft schmiss, verabschiedeten wir uns mit all den wichtigen Notizen im Gepäck. Auf der Rückfahrt hatten wir natürlich Redebedarf. Die arme Frau, die arme Mutter, die armen Kinder. Alfredo sah das ganz anders. Für Ihn alles völlig normal. Sie beliefert mit ihrem herrlichen Brot die ganze Gastronomie und hat so Ihr Auskommen. Müde fielen wir ins Bett, aufgewühlt von dem Erlebten. Am nächsten Morgen war Strand angesagt und Nachmittags sollten wir Alfredos Onkel kennenlernen. Sein Name war Francesco.

Es war wie im Film. Eine halbe Stunde Autofahrt und wir kamen in ein größeres Dorf, wo der Dorfkern schon etwas belebter aussah. Man sah Restaurants, eine Pizzeria, Diskothek, Bäckerei, Läden, und und und... Hallo – was hat Alfredo vor? Er parkte den Mercedes und wir gingen in ein Restaurant mit riesigem Terrassenteil und ebenso großen Weinfässern. Es war früher Nachmittag und die letzten Gäste vom Mittag hielten sich hier noch auf. Zielgerichtet steuerte Alfredo auf einen Tisch zu, frisch eingedeckt. Da saß Francesco. Wie im Film. Ein durchschnittlich großer, aber durchaus respekteinflößender Mann saß dort auf dem Stuhl, den ganzen Laden im Blick. Seine Sonnenbrille, die er wohl nie absetzte, verbarg das Spiel seiner Augen. Schwerfällig erhob er sich zur Begrüßung und redete in schnellem Italienisch mit Alfredo.

Alfredo sagte uns, dass wir Platz nehmen sollten, um zunächst den Wein aus seinem Weinberg zu probieren. Francesco stand auf, ging zu den mächtigen Weinfässern und füllte die Gläser. Dann kam der Ober mit der Speisekarte und der Mittagseinnahme, die Francesco unaufgeregt aber gekonnt in die Innentasche seines Jackets gleiten ließ. Ich sah ein fettes Bündel an Euroscheinen, die den Besitzer wechselten.

Wir wählten und bekamen richtig gutes Essen perfekt serviert. Nach dem Essen wollten wir bezahlen, hatten aber die Rechnung ohne Wirt gemacht. Bezahlen durften wir nicht. Mittags und zum Abend schleppte uns Alfredo zu Francesco, der stolz darauf war, deutschen Gästen all seine Reichtümer zu zeigen. Ein deutscher Bäckermeister, der sich für seine Bäckerei, Pizzeria, Weinberg und alles weitere interessierte, das war für Ihn etwas ganz besonderes. Er ließ es sich nicht nehmen, mir persönlich alles zu zeigen, unaufhörlich italienisch zu reden, obwohl ich gar nichts verstand. Alfredo sagte mir später, er wollte mir nur sagen, dass seine Betriebe die besten auf Sizilien sind.

So hatten wir unseren ersten Kontakt zu einem Paten, dessen Einflussbereich wir nur zu einem Bruchteil gesehen haben. Für uns hier in Deutschland unvorstellbar.

Nun kam seine Bäckerei an die Reihe. Es war eine Bäckerei in unserer Größe zu Hause. Als wir eintraten, war der Lehrling gerade damit beschäftigt, seine langen Haare im Waschbecken zu waschen, was hier wohl nichts besonderes zu sein schien. Wir konnten bei der Produktion von Brioche und der mir bis dahin unbekannten „Pasta di Mandorla" helfen. Ich hatte eine schwarz-weiß gestreifte Schürze von Alfredo bekommen. Gleich vermuteten die Bäcker, ich sei Fan von Juve (Juventus Turin), einem Fußballclub aus Norditalien. Alles ging mir flott von der Hand und mein Notizbüchlein füllte sich zusehens. Besonders die Pasta di Mandorla ließ mich nicht los. Die Geschmacksrichtungen Walnuss, Zitrone und Natur wurden hier produziert. Völlig offen und frei durfte ich die Rezeptur aufschreiben. Wir nahmen an, dass der Pate Francesco dahinter steckte. Ansonsten sind sie sehr geheim.

Die Pasta di Mandorla hat eine lange Tradition in Sizilien. Sie besteht aus den Zutaten, die es in Sizilien zuhauf gibt. In erster Linie Mandeln. Avola ist die bekannteste Gegend für hervorragende Mandelbäume und gute Erträge. Jede Familie hat ihr eigenes Rezept, was nicht verraten werden darf. In Sizilien gibt es eine festgefügte Familienstruktur. Sie essen gemeinsam an großen Tischen. Für sie ist das gemeinsame Essen ein wichtiges

Ritual. Es geht die Sage um, dass das Rezept der Pasta di Madorla von der Oma auf die Tochter oder Schwiegertochter weitergereicht wird. Wer das gehütete Geheimnis verrät, darf nicht mehr am gemeinsamen Tisch sitzen. Auch für mich ist die Rezeptur so heilig, dass ich sie nicht in die Welt stellen möchte.

Alfredo nahm uns anschließend mit zu einer Paprikaplantage, wo wir für das Restaurant bestellte Paprika abholten. Ich habe gar nicht gewusst, wie viele Paprikas in und auf einen Mercedes passen. Der Wagen ging schwer in die Knie und Alfredo steuerte die Fuhre zum Restaurant, ohne Rücksicht auf Ampeln oder Einbahnstraßen zu nehmen. Alles sind in Sizilien nur Empfehlungen, aber wehe es passiert etwas. Dann aber doch eine Situation, in der selbst Alfredo überfordert schien. Wieder verkehrt herum in die Einbahnstraße hineingefahren, kam uns ein LKW entgegen. Wir mussten also die lange Straße inklusive der Kurve zurück. Tückisch waren die Stufen der Häuser, die in die Straße hineingebaut waren. Da war Alfredo ratlos und froh, einen beweglichen Beifahrer zu haben. Ich setzte mich also ans Steuer und mithilfe der Dorfbevölkerung gelang es, uns aus der Misere zu befreien. Das alles ging mit freundlichen Komandos und Winken ab. Keiner schimpfte. Das wäre bei uns in Deutschland wohl anders gelaufen. Natürlich hätte er das auch geschafft, wie er uns nachher versicherte. Aber so sind sie, die Italiener.

Wir luden ordnungsgemäß die Paprika am Restaurant ab, in dem Francesco schon zum Abendessen auf uns wartete. Gleichzeitig fand eine Geburtstagsfeier statt, auf der wir aber nicht störten. Im Gegenteil, man lud uns ein, mit zu essen und zu feiern. Eine herrliche Torte mit kandierten Früchten beladen zierte den Tisch. Es wurde kräftig auf das Geburtstagskind angestoßen und wir mussten natürlich bleiben. Hier zeigte es sich wieder, wie gastfreundlich die Italiener sind. Es schienen Leute aus dem Dorf zu sein. Wenn gefeiert wird, dann darf es auch was kosten. Darauf sparen die Menschen und lassen es dann aber richtig krachen. Hochzeit und Geburtstage sind den Sizilianern heilig und werden mal so richtig gefeiert.

Es ist jetzt nicht so, dass wir nur geschaut und geschrieben haben. Nein, ein Ausflug dahin und dorthin machten uns und auch unserem „Reiseleiter" Alfredo richtig Spaß. Rauf auf den Ätna, Städte wie das uralte Ragusa, Modica, Syrakrus, Avola usw. wollten wir uns nicht entgehen lassen und mussten einfach besucht werden. Herrliche Pasticcerien zeigten uns die Kunst der Sizilianer. Immer dabei: die Pasta di Mandorla. Es festigte sich bei mir der Wille, dieses Gebäck herzustellen.

Es gab auch noch andere Sorten, also auch eine gewisse Vielfalt, die es zu entdecken gibt. Kandierte Früchte, groß und bunt. Für uns viel zu süß. Cannoli, ein frittierter Blätterteig, zur Rolle geformt und mit Ricotta gefüllt. Herrlich, gibt es auch mit Schokostückchen oder kandierten Früchten.

Das Brot fiel mir auch ins Auge. Es hatte mir unbekannte Formen. Ach – die Sorten ließen keine Wünsche offen. Mit Oliven, Tomaten, Kräutern, aber immer auch anders als ich es als deutscher Bäckermeister gelernt habe. Hier durfte es krumm und schief sein, groß oder klein, gebogen oder nicht, anscheinend war alles erlaubt. Ging man in eine Panetteria, fiel auf, dass alle Backwaren gewogen wurden, also nicht nach Stückzahl verkauft, sondern nach Gewicht. Zu kleine Brötchen gab es also nicht und das war sehr praktisch.

Die Tage rasten dahin und wir haben durch Alfredo viel gelernt. Was wir Verwaltung nennen, heißt dort Mafia. Wird ein Geschäft auf der Promenade frei, so kann das kein Deutscher mieten. Hier hat die Mafia den Daumen drauf. Der Laden wird so vermietet, dass alle gut leben können. Keine Konkurrenz bis aufs Blut und keine Billigläden, die anderen das Geschäft kaputt machen würden. Alles gesteuert von Francesco und seinen Helfern.

Wir mussten Abschied nehmen von einer wunderschönen Insel, ein zauberhaftes Stückchen Erde, dessen Farben und Düfte wir in unseren wir in unseren Herzen tragen und uns immer an unseren „Arbeitsurlaub" erinnern. Vor allem aber diese Menschen, die uns immer hilfsbereit gegenübertraten.

Alfredo blieb uns. Ihn trafen wir noch oft in Essen bei seinen Kindern und Enkeln. Leider starb er im Jahre 2017. Ruhe in Frieden, mein Freund, und danke für alles, was wir durch dich erfahren durften. Francesco ist mittlerweile auch gestorben, dieser Gentleman mit Sonnenbrille, der stolz darauf war, einem deutschem Bäckermeister sein Reich zu zeigen.

Sorgfalt schafft das Besondere

Zurück in Deutschland machte ich mich an die Arbeit. Ich musste improvisieren, weil es die Mehle, die es auf Sizilien gibt, schon in Mailand nicht mehr zu kaufen gab. Also half es nichts, ich musste Mehlmischungen ausprobieren. Es gelang und ich war mit dem Ergebnis sehr zufrieden. Ich backte das Brot für Antonia, die kleine und doch große Sizilianerin. Ich stellte wieder eine Auswahl zusammen, legte sie wieder in Körbe und machte mich wieder auf zur Rüttenscheider Straße. Ich baute mit klopfendem Herzen alles auf. Sie kam in die Küche und war begeistert. „Es darf nicht deutsch aussehen" waren ihre ersten Worte. Und richtig, deutsch sahen die Backwaren wirklich nicht mehr aus.

Mir fiel ein Stein vom Herzen und ich war geradezu euphorisch. Jetzt lag mir die Backwelt zu Füßen, dachte ich. Doch bevor es soweit war, sollte es dann doch noch etwas dauern. Schnell wurde das Pane Grande konzipiert, das in verschiedenen Größen zu backen war. Es sollte noch „Karriere" machen, doch davon später mehr. Die Bestellungen des Feinkostladens waren mir sicher. Ich war nun in der Lage, italienisches Brot authentisch zu backen. Damit konnte ich mich von den anderen Bäckereien absetzen. Aber ich hatte noch nicht alle Trümpfe in der Hand.

Die „Pasta di Mandorla" war noch nicht bis ins letzte durchdacht. Ich intensivierte mein Bemühen und durch konsequentes Handeln führte mein Weg zum Erfolg. Ich produzierte verschiedene Sorten. Nur der Name war zu kompliziert und das Gebäck noch zu süß für den deutschen Markt. Den Namen konnte sich kein Kunde merken, also kam der Name „Amaretti" ins Spiel. Hört sich nach Liebe an und kommt sympathisch rüber.

Mein Traum von einem eigenen italienischen Marktstand war zum Greifen nahe. Der Zufall wollte es, dass Antonia Ihren Olivenverkaufshänger verkaufen wollte. Wir wurden uns schnell einig. Der Hänger hatte einen Kühlteil in der Mitte. Was gehört da hinein? Die Frage beantwortete sich nach einem Besuch des Marktes in Münster. Dort standen drei Italiener nebeneinander. Die Mitte war gefüllt mit Nudeln, Salami, Schinken und italienischem Käse. Genauso wollte ich es auch machen. Übrigens war ich begeistert vom Münsteraner Markt, sicher der schönste in Nordrhein-Westfaken. Der Samstagsmarkt auf dem Domplatz ist der Anziehungspunkt und Touristenmagnet schlechthin. Ich konnte es kaum abwarten, mir einen italienischen Großhändler zu suchen. Ich fand einen und die Telefonistin sprach sogar gebrochen deutsch. Kurzerhand bestellte ich das, was ich brauchte, und dann konnte es losgehen.

Halt, ich hatte ja gar keinen Platz. Essen schien mir zu „gefährlich". Geht die Sache in die Hose, bin ich der Gelackmeierte in der Stadt. Bochum, hinter dem Hauptbahnhof, schien mir der richtige Platz zu sein. Und tatsächlich war für meinen kleinen Hänger noch ein Plätzchen frei. Ich konnte den Samstag kaum erwarten. In der Nacht haben wir das Brot gebacken. Extra viel, denn es sollte ja ein Erfolg werden. Die Amaretti waren schon in Reih und Glied gepackt und sahen auf dem Blech ziemlich gut aus. Dann ging es los. Der Stand wurde schön dekoriert – Dank an meine Lebensgefährtin.

Um 7 Uhr waren wir verkaufsfertig. Was danach abging, spottete jeder Beschreibung. Alle wollten das Brot, die Brioche, Croissants, Rondos, Filo und Piccolo. War ich bisher pro Kunde einen Durchschnittsbon von 3,50 € gewohnt, schnellte er jetzt mit dem Sortiment auf 8 € und darüber. Der Boom hielt bis Mittag an. Die Kunden freuten sich über den neuen Stand und fragten etwas bange, ob wir denn nächste Woche wiederkämen? Das war ja wohl keine Frage. Mit einer sehr gut gefüllten Kasse traten wir unseren Heimweg an, noch völlig irritiert von dem, was wir in den letzten Stunden erlebt hatten. So konnte es weitergehen.

Antonias Mann nannte mich immer „Welpino" und so war der Name meiner italienischen Backschiene geboren. Später haben wir den Namen auch schützen lassen.

Welpino®

Mittlerweile hatte sich auf der Rüttenscheider Straße herumgesprochen, wer das Brot für den Feinkostladen backt. Bald war es soweit, dass ich bei Gastronomen und Start-ups ein gefragter Hersteller von Backkonzepten wurde. Vor allen Dingen italienische brotlastige Cafés interessierten sich für unsere Backwaren. Bald hatten wir fünf Anfragen von der Rüttenscheider Straße. Für eine einzige Straße, auch wenn Sie sehr lang ist, viel zu viel. Wir suchten uns die besten aus und es war auch richtig so, denn so manche Erfolgsgeschichte währt auch noch nach zwölf Jahren. Unser Sternekoch Nelson Müller, der in Rüttenscheid zwei Lokale betreibt und oft auch im Fernsehen zu bewundern ist, bot uns eine Zusammenarbeit an. Da war ich schon geehrt, denn können Sterneköche irren?

Die Markttätigkeit wurde schnell ausgebaut. Ein zweiter Verkaufshänger musste her. Den schicke ich Donnerstags und Samstags nach Gelsenkirchen-Buer. Dienstags und Freitags war dann Kettwig dran. Am Samstag mit dem kleinen Hänger dann nach Bochum. So begann meine „Marktkarriere", die noch heute andauert. Ich würde sicher etwas vermissen, wenn es den Markt nicht mehr für mich gäbe. Im Winter hab ich mich bei minus 10 Grad gequält. Strammer Wind brachte mich zur Verzweiflung. Immer lehnte ich eine Heizung ab. Der Frühling und Sommer verwöhnen dann wieder. Man hört den Gesang der Vögel wenn es Tag wird. Mittlerweile lernte ich die Jahreszeiten lieben und habe das Gefühl, dass es mit fortschreitendem Alter immer intensiver wird. Wer immer nervt sind Tauben, die bei mir nach ihrem Frühstück suchen. Wenn man sie füttert, werden es immer mehr. Stadttauben gehören halt zum Stadtbild und ganz ohne würde mir auch etwas fehlen. Also sollen sie ruhig kommen, aber bitte nicht alle auf einmal.

Der Verkauf der Pasta di Mandorla ließ nicht zu wünschen übrig. Ich beschäftigte mich nun mehr damit und erinnerte mich an meine Zeit als Bio-Bäcker. Kann man Pasta di Mandorla auch in Bio-Qualität herstellen? Mittlerweile war ich auch mit dem Internet einigermaßen vertraut. Ich suchte und suchte, fand aber nichts darüber und schmiedete einen verwegenen Plan. Die Herstellung in Bio-Qualität war machbar. Auch die Zutaten waren immer greifbar. Worauf sollte ich noch warten? Wir produzierten und schickten eine Probe mutig zum Großhändler Weiling.

Weiling gehörte schon zu den Schwergewichten der Branche mit tausend zu beliefernden Bio-Läden in Deutschland. Ganze zwei Tage hat es gedauert und wir wurden nach Coesfeld eingeladen. Wir sollten dann unser Gebäck bei einem gemütlichem Mittagessen vorstellen. Natürlich sind wir hin. Die wichtigen Leute wie Einkaufsleiter, Prokuristen, Lagerleiter, alles wurde aufgeboten. Wir selbst hatten damals keinen Plan von Dingen wie Verpackung, Vorschriften oder gar EAN-Codes. Das war ein völlig neues Feld, das ich mir erst noch erschließen musste. Das konnte dauern. Die Coesfelder hingegen hatten es sehr eilig, wollten das Produkt am besten gestern schon vorstellen. Aber so schnell ging es dann doch nicht. Wir waren auf sehr großes Interesse gestoßen. Für den Bio-Bereich hatten wir ein neues Gebäck erfunden, was es auf dem Markt noch nicht gab. Da wollte Weiling in eigenem Interesse der Erste sein, was verständlich war.

Meine Türken

Es ist schon Jahre her, vielleicht 2007 oder 2009, da stellt sich ein neuer Fahrer vor. Ein gebürtiger Türke mit deutschem Pass. Er ist Alevit und lebt schon lange in Deutschland. Im Laufe der Zeit hat er mit seiner liebenswürdigen Art die Herzen der Mitarbeiter und auch das Herz seines Chefs erobert. Nicht leise, eher laut, immer mit vollem Einsatz. Ein Anruf nach Herne, und er steht auf der Matte. Er hat noch diese Dienstbereitschaft und Loyalität, die man sich heute als Arbeitgeber von einem Angestellten wünscht. Ein Türke bleibt nicht lange allein. So hatte er bald einen Kollegen im Schlepptau. Ein Türke, sehr gläubiger Moslem, der hin und wieder versucht, mir die Welt zu erklären, die von unserer so weit entfernt ist. Er missioniert, was das Zeug hält, um mich zu überzeugen. Murat, ein verkanntes Genie, das in der Lage ist einen Kühlschrank in einen Backofen zu verwandeln. Kein technisches Problem ist ihm zu kompliziert. Ein Meister der Improvisation. So einen kannst du gut in einem Backbetrieb gebrauchen.

Die Vorzüge hat er von seinem Vater gelernt, einen von mir sehr geschätzten Mann mit sehr höflichen Umgangsformen, die schon fast ans Japanische erinnern. Sein Sohn war alles, nur nicht pünktlich und strebsam. Er hätte in jeder Firma arbeiten können, aber jemanden, den man vor 10 Uhr in der Früh nicht anrufen braucht, der während des Ramadan nicht zur Verfügung steht, den kann man in Deutschland leider nicht gebrauchen. Also fristet er ein Leben in der Arbeitslosigkeit und das finde ich sehr schade. Natürlich hecken die beiden was aus. Eines möchte ich erzählen. Das Opferfest stand vor der Türe und es stand ein

Transport von vierzehn Opfertieren, sprich Schafen an, die nach muslimischem Ritus geschlachtet werden sollten. Da dachten die beiden Helden natürlich an meine Ford Transit, um die Tiere zu transportieren. Artig fragten sie ohne weitere Begründung, ob sie den Transporter sich mal ausleihen dürften. Da ich nicht nein sagen kann und der Transporter auch nicht mehr der neueste war, sagte ich zu.

Was sie mir verschwiegen war ihr wahres Vorhaben. Ständig unterhielten sie sich auf türkisch und ich verstand natürlich nichts. Hätte ich das gewusst, ich hätte es nicht erlaubt. Tage später beschwerte sich ein Mitarbeiter über die Gerüche im Transporter, die bei ihm Kopfschmerzen auslösten. Da ging ich der Sache persönlich nach. Der Transporter machte einen sauberen Eindruck. Ich öffnete die Fahrertür und mir stach ein ekelhafter Geruch nach einem billigen Herrenparfüm, gepaart mit Dunggeruch, in die Nase.

Keine zwei Minuten konnte ich es in dem Fahrzeug aushalten. Kleinlaut gaben meine Türken zu, vierzehn lebende Schafe von Dortmund nach Herne transportiert zu haben. Mit dem Auto fuhr ich sofort auf den Hof eines Autohauses, um ein neues Auto zu leasen. Der Verkäufer ließ mich den alten Wagen in einer Ecke des Parkplatzes abstellen. Den neuen Transporter durfte ich nach Regelung der Formalitäten sofort mitnehmen. Auf meine Frage, wo der alte Wagen landet, sagte er, der geht zu einem Aufkäufer und dann nach Afrika oder in den Osten. Gott sei Dank, ich habe nie wieder etwas von dem Wagen gehört. Oder gerochen.

Meine Türken habe ich immer noch. Sie sind wie das Salz in der Suppe. Immer gibt es was zu bestaunen in ihren Angewohnheiten und in ihrer eigenen Art und Weise, wie sie Probleme lösen. Für mich persönlich öffnen sie ein kleines Fenster, um festzustellen wie die Türkei so tickt. Da funktioniert alles und nichts.

Erdbeerzeit – gute Zeit

Das Frühjahr war gekommen und noch immer trug ich schwer mit der Vorstellung eines neuen Logos und der Verpackung. Da tat es gut, Dienstags und Freitags auf dem Wochenmarkt in Moers einen kleinen Erdbeerstand mit einer sehr hübschen und netten Verkäuferin mir gegenüber zu begrüßen. Um mich beliebt zu machen, schenkte ich ihr gleich ein Tütchen Amaretti zum probieren. Sie revanchierte sich mit einem Körbchen Erdbeeren, die mir sehr gut schmeckten. Der Gedanke dieser optischen Aufhellung für die nächsten Wochen gefiel mir sehr gut, löste aber nicht mein Problem. Was mir auffiel, war ihr Geschick, ihre Erdbeeren an den Mann bzw. Frau zu bringen. Der ganze große Stapel voller blauer Kisten schmolz sehr schnell im Laufe des Vormittags dahin. Es war üblich, dass Studenten während ihrer Ferien solche Aktionen des Gelderwerbs gerne wahrnahmen. Ihre Artikulation ließ auf Studentin schließen.

Nachdem wir uns kennenlernten, fragte ich Sie, was sie denn im richtigen Leben so macht. Und richtig – sie sei Studentin und bessere ihr Budget auf. Außerdem sei die Chefin des Betriebes, der die herrlichen Früchtchen selber anbaute und vermarktet, eine ihrer Freundinnen. Was sie denn studiere, fragte ich sie. Ihre Antwort warf mich bald aus den Schuhen: *„Verpackungsdesign"* war ihre unbekümmerte Antwort, ohne zu wissen, was sie dabei in mir auslöste. „Genau die Richtige für mich!" sagte ich mir und träumte von der Lösung meiner Probleme. Schnell erklärte ich ihr meine Pläne, auf die sie auch bereitwillig einging. Schnell packte ich noch ein Tütchen Amaretti und sie sollte sich doch mal ein paar Gedanken machen, wie Logo und Verpackung aussehen könnten.

Sie nahm das Tütchen gerne entgegen und willigte ein. Wir könnten ja Dienstags und Freitags schauen welche Fortschritte gemacht werden. Es machte gute Fortschritte und sie bastelte fleißig Boxen und Kistchen, die sie mir zur Begutachtung vorlegte. Die Vorschläge fürs Logo waren sehr professionell. Nach mehreren Anläufen landeten wir beim edlen Schwarz für die Box und bei einem Logo wie in Marmor gemeißelt. „Pane & Dolci" sollte das Zauberlogo sein, was mich von nun an in meinem Leben begleiten sollte. Nach der Erdbeer- und Kirschsaison waren meine Probleme gelöst. Leider habe ich die Studentin nie mehr wieder gesehen, obschon ich so nach ihr gesucht habe. Wie eine Fata Morgana kam sie mir vor. Manchmal glaube ich, der Himmel hat sie mir geschickt, eine Erdbeerfee, die mir einen Wunsch erfüllen sollte. Ich werde ihr ewig dankbar sein. Schade, dass sie nicht weiß was aus ihrer Idee so alles geworden ist. Vielleicht hat sie es schon gesehen und freut sich im Stillen.

Schnell wurden professionelle Boxen hergestellt, von der auch die Firma Weiling als Großhändler begeistert war. Das Logo stand fest in der Welt und zierte ebenso meine Visitenkarten. Kurzum – die Erfolgsgeschichte konnte weitergeschrieben werden. Unsere Kiloverpackungen liefen gut und alle waren vom Geschmack begeistert. Viele Bestellungen kamen herein und bald schon brauchten wir auch neue Mitarbeiter, denn jetzt musste gebacken und verpackt werden. Bald kam von Weiling die Frage nach kleineren Einheiten für die Regale der Bio-Läden. Nicht mehr als 100 Gramm schwer und als Mitnahmeartikel unter 6 Euro teuer. Das war jetzt viel einfacher und innerhalb von 8 Wochen realisiert, mit Fotos versehen, die darüber aufklärten, welch Leckerei sich darin verbarg. Auch der Verkauf lief wie geschmiert. Was bei Weiling geht und in ganz Deutschland lief, brachte mich auf eine verwegene Idee: Ich wollte ganz oben angreifen. Prominente Labels sollten sich mein Produkt zu eigen machen. Da kam mein Freund Nelson Müller ins Spiel. Er war mittlerweile Kooperationspartner bei Porsche. Nachdem ich mehrere Kundenveranstaltungen bei Porsche mit ihm machen durfte, gehörten meine Amaretti schon traditionell zu Porsche. Dann kam mein Vorschlag an die Geschäftsleitung, anstelle von Sekt und Blumen, eine Packung Amaretti zum Neuwagen zu legen, denn Blumen sind nach einer Woche verwelkt und mit Alkohol darf man nicht Auto fahren – das hatte ich als junger Vater ja erlebt. Die Farbe schwarz passte wie die Faust aufs Auge. Dann hätten Kinder auch was davon, denn schließlich baut Porsche ja auch Familienkarossen. Die Geschäftsführung war nicht abgeneigt, wollte aber nicht so viel Geld ausgeben und orderte die konventionelle Ware. Dann kam der Umweltskandal. Alle Welt wollte nur noch umweltverträglich und green Label. Ich bekam also einen Anruf von Porsche, alles zurück und selbstverständlich in Bio-Qualität. Mir war es nur Recht und so hatte ich das erste Label „im Sack".

Letztlich dienen solche Label als Türöffner. Das zweite kam aus ähnlicher Ecke. Das gab es auf Sylt – richtig, die Sansibar. Einen märchenhaften Aufstieg von der Pommesbude zum König auf Sylt sagte man dem Inhaber Herbert Seckler nach. Unsere Laufbahnen ähnelten sich und so schickte ich eine Probe zusammen mit einem passenden Text in den hohen Norden.

Wenige Tage später meldete sich die Sansibar. Der Produktmanager erzählte mir, noch nie eine Listungsversammlung bei der Sansibar erlebt zu haben, an dem der Chef an einem Produkt nichts zu beanstanden hatte. Er winkte mein Produkt durch und legte eine Metallverpackung fest, ganz schwarz, mit matt glänzenden Schwertern. Wir entwarfen eine schicke Banderole und der Verkauf in den Stores und in dem Onlinehandel konnte beginnen. Die Insel war geentert.

Bei der Gelegenheit möchte ich mal meinen Mediamenschen Frederik Diergarten loben, der immer sehr schnell alle Anforderungen von mir erfüllte. Wenn ich mal nervig war, ließ er mich das zumindest nicht spüren. Danke, Frederik.

Mittlerweile hatte ich Kundenveranstaltungen nicht mehr nur mit Nelson Müller, sondern auch mit Alexander Hermann, Alfons Schubeck, Allesandro Pape, Christoph Rüffer und vielen anderen. Alles Sterneköche, die sich gerne meiner Amaretti bedienten. Das Geschäft florierte und auf dem Markt war ich von Gelsenkirchen-Buer nach Rüttenscheid gewechselt. Die Anfahrt und das Angebot der EVB, dem Träger der Essener Märkte, war ausschlaggebend. Die Geschichten, die vom Markt zu erzählen sind, möchte ich in einem gesondertem Kapitel erzählen, weil sie sehr besonders sind.

Nelson Müller, Christoph Rüffer, Wolfgang Becker, Allesandro Pape, Monika Wechsler (Chocolatiere), Hermann Welp

Bild: Gerd Lorenzen

Auszeichnungen

Die Bäckerinnung zeichnet jedes Jahr die besten Produkte im Rahmen einer öffentlichkeitswirksamen Backwarenprüfung aus. Brötchen, Brot und Feinbackwaren mussten einer strengen Prüfung standhalten. Die Prüfungen waren alle freiwillig. Fleißig sammelte ich in den ersten Jahren Gold-, Silber- und Bronzemedaillen und die dazugehörenden Urkunden. Auch bei den regelmäßigen Stollenprüfungen vor der Weihnachtszeit waren wir regelmäßig sehr erfolgreich. Diese regelmäßigen Prüfungen unterstützen das Qualitätsbewusstsein des Bäckers. Er hat eine neutrale Kontrolle seiner Produkte. Auf der anderen Seite nimmt man ein durchgefallenes Brot, was sich gut verkauft, wegen der Prüfung nicht aus dem Regal. Nach all den Jahren nehme ich an diesen Prüfungen nicht mehr teil, einfach deswegen, weil ich beim besten Willen nicht mehr weiß, wohin mit den ganzen goldenen, silbernen und bronzenen Urkunden. Auf die Dauer ist es nicht mehr attraktiv genug.

Der Welt der Feinschmecker blieb ich nicht verborgen. Das gleichnamige Genuss-Magazin zählte mich zu den besten Bäckereien Deutschlands. Meine Amaretti hatten sie restlos überzeugt. Meine italienische Ausrichtung fand das Magazin richtig clever. Außerdem wurde der Verzicht auf Fertigmehle und Covenienceprodukte honoriert. Authentische italienische Backwaren gab es bei *Welpino*. Bei einem Innovationswettbewerb im Jahre 2008, zu dem ich mich bewarb, zählte ich mal zu den innovativsten 100 Betrieben in ganz Deutschland. Die Auszeichnung war von ehemaligen Ministerpräsidenten Lothar Späth unterschrieben und zierte eine ganze Weile mein Büro.

Doch dann las ich in einer Tageszeitung von einem Marketingpreis für Unternehmen. Dahinter verbarg sich ein Marketingclub, der den Preis auslobte. Es hörte sich gut an und zu verlieren hatte ich ja nichts. Angestachelt von den letzten Auszeichnungen war ich mutig und selbstbewusst genug und wollte daran teilnehmen.

Mittlerweile war Nicole in mein Leben getreten. Ich hatte sie in Essen-Kettwig auf dem Wochenmarkt kennengelernt. Zunächst kaufte sie immer ein Croissant, von dem sie überzeugt war, dass es das beste der ganzen Stadt war. Da ich auch Kaffee anbot, blieb sie gern auch noch auf einen Kaffee. Länger und länger verweilte sie und wir hatten große Sympathie füreinander. Von Liebe konnte man noch nicht sprechen. Sie war sechzehn Jahre jünger als ich, war sehr sportlich und hatte das Herz auf dem rechten Fleck. Ein richtiger Ruhri, im besten Sinne gemeint. Dass wir mal heiraten sollten und sie damit in eine sehr große Patchworkfamilie kam, war noch ganz weit weg. Es ist auch nicht immer einfach mit einer solchen Familie, aber auch nie langweilig. Amor schoss seinen Pfeil in meine Richtung und ich begann sogar Gedichte zu schreiben.

Dass ich so etwas kann, wusste ich, aber dass ich das auch machte, darüber wundere ich mich heute noch. Es war das Bemühen um eine ganz besondere Frau, die mich noch heute im Leben begleitet. Manchmal sanft wie ein Lamm, dann wieder temperamentvoll wie ein junges Pferd. Quirlig und nie langweilig. Sie hält mich in Schwung und sorgt dafür, dass ich meinen Körper quäle, bevor er mich quält. Ich hoffe, dass wir noch viele Jahre gemeinsam gesund bleiben und uns das erfüllen, was wir noch planen. Ohne Sie hätte ich all die Dinge nicht in dem Umfang so gestalten können. Das erfüllt mich mit Dankbarkeit und Liebe.

Ich erzählte ihr damals von dem Zeitungsbericht über den Marketingclub und auch sie war der Ansicht, man könnte es ja auch mal versuchen. Unbedarft ging ich auf die entsprechende Webseite und füllte die vorgeschriebenen Pflichtfelder aus. Ich erzählte meine Geschichte über den Großhandel, über Porsche und Sansibar und so weiter. Mit der Bewerbung war ich ganz zufrieden und schickte sie online ab. Viel Wasser floss die Ruhr entlang und ich verlor das Thema und die Bewerbung völlig aus den Augen. Plötzlich Ende März 2016 bekam ich eine merkwürdige E-Mail. Da stand was von Nominierung, Kategorie Unternehmen. Ich verstand erstmal nur Bahnhof, doch dann fiel es mir wie Schuppen von den Augen. Das war der Wettbewerb, an dem ich teilgenommen habe. Ich kann doch nicht ... – doch, ich konnte.

Ich gehörte zu den besten drei Betrieben, zu den Nominierten für die Kategorie Unternehmen, wie da stand. Von dem Schreck musste ich mich erst einmal erholen. Das kann ja was werden. Als nächstes war eine Präsentation vor einer Fachjury, bestehend aus Spezialisten für Marketing und Professoren der FOM, der „Hochschule für Oekonomie und Marketing" in Essen. Da muss der Bäcker sich aber fein anziehen. Das war mein erster Gedanke, den ich fassen konnte. Termin war am 18. April 2016 in der FOM. Es sollte ein freier Vortrag über meine Marketingaktivitäten sein. Mein Gott, ich musste zunächst einmal googeln, was Marketing überhaupt ist und auf einmal gehörte ich zu den drei Besten in dem Fach. Dinge gibts! Erzählen lag mir ja, dachte ich mir. Ich bringe einfach noch Amaretti mit und dann soll's wohl klappen. Ein paar schöne Bilder noch an die Wand geworfen, dann wird man mich wohl wohlwollend auf den dritten Platz verweisen, was an sich ja schon ein Erfolg war. Meine Gegner kannte ich ja. Ein Verkehrsbetrieb mit 1600 Angestellten und eine Reinigungsfirma mit 1200 Mitarbeitern. Alle sicher ausgestattet mit Spezialisten im Bereich Marketing. Hochbezahlte Leute, denen ich das Wasser nicht reichen konnte. Ich saß da mit meinen 10 Mitarbeitern ohne die beiden vom Markt. Der Termin rückte näher und dann stand ich frisch gescheitelt vor der Hochschule und ging hinein. Nach einiger quälender Zeit, wurde ich hineingerufen.

Das Schulgefühl kam augenblicklich zurück, was ich sehr anregend fand. Natürlich hatte ich alles vergessen was ich mir im Kopf zurecht gelegt hatte. Als erstes verteilte ich meine Leckerlis und erzählte, wie alles gekommen ist. Die Professoren, deren Namen nach vor lauter Aufregung nicht behalten habe, schlugen sich vor Lachen auf die Schenkel und die Stimmung konnte nicht besser sein. Ich konnte feststellen, dass die Amaretti den Herrschaften gut mundeten. Das war die halbe Miete. Bilder, die an die Wand geworfen wurden hielten meinem Redeschwall nicht deckungsgleich stand. Alles war völlig durcheinander, wirkte auf die Jury aber trotzdem sympathisch. Überhaupt habe ich in meinem Umgang mit höhergestellten Persönlichkeiten immer festgestellt, dass mein hemdsärmliges Verhalten immer authentisch rüberkommt. Wenn man das feststellt setzte ich immer noch einen drauf, ohne zu Übertreiben. Nach einer Viertelstunde war ich wieder draußen und der Kameramann, der noch ein kleines Statement mit mir filmen sollte, erklärte mich zu seinem Sieger. So etwas hatte er bei solchen Vorstellungen noch nicht gesehen. Zufrieden stieg ich ins Auto und fuhr nach Hause, mit dem Gefühl alles gegeben zu haben.

Am 26. April 2016 war es amtlich. Ich gehörte tatsächlich zu den Nominierten des Unternehmens-Tacken für die beste Marketingleistung. Am 12. Mai 2016 sollte die Preisverleihung sein. Ich hatte einen Tisch für acht Personen bestellt. Meine Familie und drei gute Freundinnen und Freunde sollten mit mir feiern. Dann kam der große Tag. Sehr fein mit einem roten Jackett gekleidet, die rote Fliege um den Hals, war ich von einem Marketingspezialisten nicht mehr zu unterscheiden. Eine Ledertasche hatte ich dabei, deren Inhalt ich niemanden verraten hatte. Für den Fall der Fälle, dass ich wider Erwarten gewinnen sollte, würde ich das Trikot von Willi Lippens, dem Kultfußballer von Rot Weiss Essen, mit dem Spruch „Ich danke Sie!" von der Bühne aus zeigen wollen. So war der Plan.

Alle trafen sich im Foyer des Ruhrturms, es wurde Sekt gereicht und man konnte den fein geschmückten Saal einsehen, mit seinen weißen Stehtischen mit weißen Hussen. Eingedeckte Tische mit Namenskärtchen und wunderschönen Blumengestecken. Die Band probte die Lautstärke und Fotografen prüften die Lichtverhältnisse. Endlich war es soweit und wir durften an unserem Tisch Platz nehmen. Die Veranstaltung wurde eröffnet und unser Oberbürgermeister Kufen richtete ein Grußwort an die Versammlung. Dann ging es endlich los. Der Kopf des Jahres, Herr Professor Dr. Peter Zec, Leiter des Red Dot Design Museums auf Zollverein wurde zuerst gewürdigt und ausgezeichnet. Danach zuerst die anderen Kategorien wie Startups und Agenturen. Es ging zu wie auf einer Oscarverleihung.

Endlich kamen die Unternehmen an die Reihe. Vorher bin ich gefühlte fünf Mal zur Toilette gegangen. Die Spannung stieg und ich wurde immer ruhiger. Es ging zu wie auf einer Oscar-Verleihung.

Laudatorin für den Unternehmens-Tacken war die Präsidentin der Industrie und Handelskammer Frau Kruft-Lohrengel. Sie trat ans Rednerpult und zupfte vorsichtig an dem Umschlag in ihrer Hand, in dem sich das Geheimnis befand. Die Musik stockte, sie öffnete und zog den Karton mit dem Namen „Bäckerei Welp" heraus. Donnernder Applaus und ungläubiges Staunen im weiten Rund. Bäckerei Wer? Noch nie gehört, werden sich viele gesagt haben. Die beiden anderen Firmen waren der Gesellschaft bekannt, aber Welp, nie gehört. Das sollte sich ab sofort ändern. Ich war fassungslos und wollte gleich nach vorn stürmen, um mir den Preis abzuholen. Man bat mich noch sitzen zu bleiben, denn zuerst sollte ich noch der Laudatio von Frau Kruft-Lohrengel lauschen. Genüsslich zwickte ich mich an einigen Stellen des Beitrages um mich zu vergewissern, dass ich gemeint war.

Laudatio

„Sehr geehrte Herren und Damen, liebe Preisträger,

wie in den vergangenen Jahren stand die Jury vor der Herausforderung, Unternehmen und Konzepte zu vergleichen, die unterschiedlicher nicht sein konnten. Doch, es ist gelungen. Bevor ich mich dem Sieger widme, möchte ich noch einige Worte zu den **Platzierten** sagen.

Der **gewa** ist es gelungen, ganz viel Herz zu zeigen. Ich selbst kenne das Friedensdorf international und finde es großartig, was das Unternehmen dort gemacht hat und weiterhin macht. Sie haben sich ihrn Kunden gegenüber authentisch gezeigt. Die Veranstaltung und die dazugehörende, lautlose, aber warmherzige Kommunikation passt zur Familie. Die gewa hat sich damit im Markt noch einmal stärker positioniert und auch einen wunderbaren Motivationsschub bei den Mitarbeitern ausgelöst. **Fazit**: Das war eine gute Sache.

Die **Essener Verkehrs-AG** befindet sich bekanntermaßen in schwierigen Zeiten. Da sind kreative und preiswerte Lösungen gefragt. Mit der Kampagne ist es gelungen, Transparenz zu schaffen, aufzuklären und vor allem die junge Zielgruppe dort abzuholen, wo sie sich tummelt: im Netz. Die Kampagne wirkt ehrlich frisch und trägt zur Glaubwürdigkeit des Nahverkehrs bei. **Fazit**: Weiter so!

Nun zum Sieger: **Hermann Welp** mit seiner kleinen Bäckerei ist sicher die große Überraschung der Tacken 2016. Aber Sie haben es geschafft, lieber Herr Welp, die Jury zu faszinieren. Ihre Auszeichnung ist sicher auch ein Stück weit der Zukunftsperspektive geschuldet. Denn die Juroren glauben, dass Sie mit Ihren Produkten und Konzepten beste Zukunftsaussichten haben.

Industrie- und Handelskammer
für Essen, Mülheim an der Ruhr, Oberhausen
zu Essen

IHK-Präsidentin Jutta Kruft-Lohrengel

anlässlich der Verleihung

des Marketing Preises „Tacken" 2016

Sehr geehrte Herren und Damen, liebe Preisträger,

wie in den vergangenen Jahren stand die Jury vor der Herausforderung, Unternehmen und Konzepte zu vergleichen, die unterschiedlicher nicht sein konnten. Doch, es ist gelungen. Bevor ich mich dem Sieger widme, möchte ich noch einige Worte zu den **Platzierten** sagen.

Der **gewa** ist es gelungen, ganz viel Herz zu zeigen. Ich selbst kenne das Friedensdorf international und finde es großartig, was das Unternehmen dort gemacht hat und weiterhin macht. Sie haben sich ihren Kunden gegenüber authentisch gezeigt. Die Veranstaltung und die dazugehörende lautlose, aber warmherzige Kommunikation passt zur Familie. Die gewa hat sich damit im Markt noch einmal stärker positioniert und auch einen wunderbaren Motivationsschub bei den Mitarbeitern ausgelöst. **Fazit:** Das war eine gute Sache.

Die **Essener Verkehrs-AG** befindet sich bekanntermaßen in schwierigen Zeiten. Da sind kreative und preiswerte Lösungen gefragt. Mit der Kampagne ist es gelungen, Transparenz zu schaffen, aufzuklären und vor allem die junge Zielgruppe dort abzuholen, wo sie sich tummelt: im Netz. Die Kampagne wirkt ehrlich und frisch und trägt zur Glaubwürdigkeit des Nahverkehrs bei. **Fazit:** Weiter so!

Nun zum Sieger: **Hermann Welp** mit seiner kleinen Bäckerei ist sicher die große Überraschung der Tacken 2016. Aber Sie haben es geschafft, lieber Herr Welp, die Jury zu faszinieren. Ihre Auszeichnung ist sicher auch ein Stück weit der Zukunftsperspektive geschuldet. Denn die Juroren glauben, dass Sie mit Ihren Produkten und Konzepten beste Zukunftsaussichten haben.

„Du musst auf den Zufall vorbereitet sein" – so lautet Ihr Lebensmotto, lieber Herr Welp. Es ist Ihnen zunächst gelungen, sich mit Leidenschaft, Kreativität und Innovationskraft gegen den Trend im Bäckerei-Markt zu stemmen. Sie haben eine **Nische** gesucht und eher zufällig gefunden, die es Ihnen als kleine Bäckerei ermöglichen sollte, im harten Wettbewerb mit Ketten und Back-Shops zu überleben. Die Nische heißt: Herstellung von Pasta di Mandorla, einem traditionellen sizilianischen Mandelgebäck.

Dabei haben Sie kein Marketing-Konzept in der Tasche gehabt und auch nichts auf Marktforschung und Unternehmensberatung gegeben. Sie sind vielmehr dahingegangen, wo das Marketing herkommt. Auf den **Wochenmarkt!**

Hier haben Sie schnell festgestellt, wie die Zielgruppe tickt und wohin der Weg gehen muss. Ihre Wochenmarkterfahrungen waren der Schlüssel zum Erfolg. Denn auf dem Markt sind andere Teilnehmer auf Sie aufmerksam geworden und haben Sie weiter beflügelt.

Eines kam zum anderen - bis Sie es in die **Regale der Biomärkte** geschafft haben. Geboren war das Label „pane&dolci". Erstmals wird das Mandelgebäck in Bioqualität hergestellt – weltweit derzeit ohne Konkurrenz. Es findet reißenden Absatz und treibt Sie an die Grenze Ihre Produktionskapazitäten.

Ein **siebenstelliger Umsatz** wäre mit einer kleinen Bäckerei kaum zu erzielen. Der Erfolg spricht also für sich und die Potenziale sind längst nicht erschöpft. Gefühlt sind Sie ein **Start-Up**, weil ihr Unternehmen eine völlig neue Geschichte schreibt. Mit der Tochter steht die Nachfolgerin schon fest. Und, ich bin mir sicher, sie wird wertvolle Impulse für die weitere Entwicklung mit einbringen.

Lieber Herr Welp, das, was Sie geschafft haben, ist **Effizienz pur.** Die Produktinnovation hat Ihre Bäckerei in eine neue Zukunft geführt. Die konsequente Entwicklung der Produkte und ihre Platzierung im Markt sind in der Tat einen Tacken besser! Herzlichen Glückwunsch.

„Du musst auf den Zufall vorbereitet sein" – so lautet Ihr Lebensmotto, lieber Herr Welp. Es ist Ihnen zunächst gelungen, sich mit Leidenschaft, Kreativität und Innovationskraft gegen den Trend im Bäckerei-Markt zu stemmen. Sie haben eine Nische gesucht und eher zufällig gefunden, die es Ihnen als kleine Bäckerei ermöglichen sollte, im harten Wettbewerb mit Ketten und Back-Shops zu überleben. Die Nische heißt: Pasta di Mandorla, einem traditionellen sizilianischen Mandelgebäck.

Dabei haben Sie kein Marketing-Konzept in der Tasche gehabt und auch nichts auf Marktforschung und Unternehmensberatung gegeben. Sie sind vielmehr dahingegangen, wo das Marketing herkommt. Auf den **Wochenmarkt**!

Hier haben Sie schnell festgestellt, wie die Zielgruppe tickt und wohin der Weg gehen muss. Ihre Wochenmarkterfahrungen waren der Schlüssel zum Erfolg. Denn auf dem Markt sind andere Teilnehmer auf Sie aufmerksam geworden und haben Sie weiter beflügelt.

Eines kam zum anderen – bis sie es in die Regale der Biomärkte geschafft haben. Geboren war das Label „pane & dolci". Erstmals wird das Mandelgebäck in Bioqualität hergestellt – weltweit derzeit ohne Konkurrenz. Es findet reißenden Absatz und treibt Sie an die Grenzen Ihrer Produktionskapazitäten.

Ein **siebenstelliger Umsatz** wäre mir einer kleinen Bäckerei kaum zu erzielen. Der Erfolg spricht also für sich und die Potentiale sind längst nicht erschöpft. Gefühlt sind Sie ein **Start-up**, weil Ihr Unternehmen eine völlig neue Geschichte schreibt. Mit der Tochter steht die Nachfolgerin schon fest. Und, ich bin mir sicher, sie wird wertvolle Impulse für die weitere Entwicklung mit einbringen.

Lieber Herr Welp, das, was Sie geschafft haben, ist **Effizienz pur**. Die Produktinnovation hat Ihre Bäckerei in eine neue Zukunft geführt. Die konsequente Entwicklung der Produkte und ihre Platzierung im Markt sind in der Tat einen Tacken besser! Herzlichen Glückwunsch."

Jutta Kruft-Lohrengel, IHK-Präsidentin, anlässlich der Verleihung des Marketing-Preises „Tacken" 2016

Die Lobesrede erhielt viel Beifall und ich durfte jetzt, begleitet von meiner Tochter Kristina, die völlig verwirrt war, auf die Bühne. Vorher kramte ich noch in der Ledertasche nach dem Trikot von Ente Lippens und versteckte es unter meinem Jackett. Das Händeschütteln hörte gar nicht auf, Fotos wurden ohne Ende geschossen und schließlich noch die Frage, ob ich noch etwas sagen möchte. Und ob. Ich zog in aller Ruhe das Trikot unter meiner Jacke hervor, auf dem in großen Lettern stand: „ICH DANKE SIE!". Die illustre Schar war aus dem Häuschen. Gegröle und Gelächter wie bei einem Comedyabend. Der Präsident von Rot Weiss Essen, Herr Prof. Dr. Welling, sprang auf, als ob die Rot-Weissen Kicker die deutsche Meisterschaft gewonnen hätten. Er lud mich sogleich zu allen Spielen von RWE ein und versprach ein Essen mit Willi Lippens in seinem Lokal in Bottrop zu organisieren.

Nach einer kurzen Rede des Dankes verließ ich mit einer schönen Skulptur mit meiner Tochter die Bühne. Wieder Händeschütteln und Umarmungen von allen Seiten. Jetzt war ich Tacken-Preisträger und stand in einer Reihe mit sehr großen Unternehmen aus der Metropole Ruhr. Preisträger wurden vor mir die Kliniken Essen-Mitte, Essener Motor-Show, Stauder-Brauerei Essen, RWE Deutschland und nach mir innogy und die Mülheim Business GmbH. In dem Kreis kann man sich durchaus wohlfühlen.

Das Logo des Preises prangt natürlich auf Visitenkarten, Geschäftsbriefen und Rechnungen. In den folgenden Jahren hat es mir hier und da sehr geholfen. Jede E-Mail, die ich schreib, war mit dem Zusatz „Tacken-Gewinner 2016" versehen. Auch wenn die Leute damit nichts anfangen konnten, stand zur

Erklärung noch „Marketing-Preisträger" darunter. Am nächsten Tag waren die Zeitungen voll davon und ich war endgültig in der oberen Riege kein Unbekannter mehr. So konnte es weitergehen.

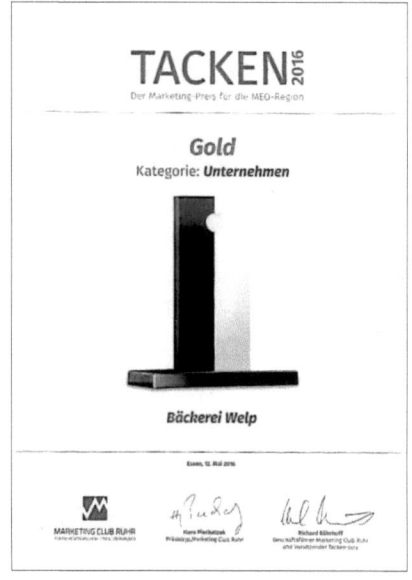

Auf dem Lippenshof

Was der Präsident von RWE verspricht, hält er auch ein, so auch die Einladung zum Essen auf dem Lippenshof „Mitten im Pott". Mein Idol aus alten Tagen sollte auch zugegen sein. Dann war es soweit. Ich hatte schöne kleine Rot-Weiss-Boxen gebastelt, die ich Willi und Michael Welling vorstellen wollte. Etwas naiv sah ich diese Kistchen schon im Fanshop und im VIP-Raum des Stadion Essen, wo sich die Edelfans die Fanartikel zum Aufessen zu hunderten kauften. Eine halbe Stunde vor dem Termin stand ich schon auf dem geräumigen Parkplatz.

In wenigen Minuten werde ich meinen Lieblingsspieler von Rot Weiss Essen treffen. Der Spieler, der zum Alptraum vieler Verteidiger aus der Bundesliga wurde. Der Berti Vogts ausspielte, auf ihn wartete, um ihn nochmal auszuspielen. Derjenige, der frühzeitig erkannt hatte, dass man dem Publikum auch eine Show bieten muss, um erfolgreich zu sein. Das Angebot von Willi an Sepp Maier, ihm den Ball nach einem Zuspiel zurückzugeben, ist Sepp dann doch nicht eingegangen. Dieser Fußballer, der hunderttausende mit seiner Kunst verzückt hat, sollte gleich mit mir essen. Bald darauf kam Micha Welling und wir gingen ins Lokal „Mitten im Pott". Da war er, etwas gealtert, aber noch gut in Schuss, mit verschmitztem Lächeln im Gesicht.

Auch seine Frau begrüßte uns herzlich und brachte erst einmal Getränke. Schnell sprachen wir die gemeinsame Sprache, wie es sich für Essener gehört. Wir erzählten uns drei Stunden Dönekes aus alten Fußballtagen. Das heißt, eigentlich sprach nur Willi. Meine Kisten kamen gut an, aber was daraus werden sollte, konnte man noch nicht sagen. Willi fand meine Geschichte genauso spannend wie ich seine. Das Essen war hervorragend und wir hatten einen schönen Nachmittag miteinander. Es war ein großes Erlebnis für mich auf einen so großen Fußballer zu treffen. Vielen Dank, Willi und Michael.

Besuch bei Dr. Hermann Bühlbecker

Einem ganz Großem der Branche blieb nicht verborgen, was mir widerfahren war. Er wollte den kennenlernen, der mit 60 Jahren ein Gebäck für den Bio-Markt erfindet und damit den Marketingpreis gewinnt. Also lud mich Dr. Hermann Bühlbecker, der Lambertz-Chef, in sein Werk nach Aachen ein. Europas größter Kekshersteller wollte Hermann Welp kennenlernen.

Welch eine Ehre, dachte ich mir. Ich bat einen guten Freund, der gleichzeitig ein Bekannter von Bühlbecker war, mich zu begleiten. Wir kamen nach zügiger Fahrt in Aachen an und meldeten uns beim Empfang. Dort wurden wir schon erwartet und man begleitete uns in den Showroom, in dem schon italienische Spezialitäten der Firma Lambertz und anderer Firmen, die noch zu seinem Imperium gehörten, aufgebaut waren. Eine ganz lange Wand war mit Bildern vollgehängt. Sie zeigte Herrn Bühlbecker mit Prominenten aus Film, Fernsehen, Politik und auch die Päpste durften nicht fehlen. Die Queen von England gehörten genauso dazu wie die Fürsten von Monaco und die Scheichs aus Saudi-Arabien. Die gegenüberliegende Seite war den Vitrinen vorbehalten. darin bestaunten wir all seine Produktverpackungen der letzten Jahre. Ich war auch nicht ganz unvorbereitet gekommen und stellte meine Boxen mit der Pasta di Mandorla auf. Große, kleine, aus Holz und aus Metall. Alles hatte ich aufgeboten.

Nach circa fünf Minuten betrat Dr. Bühlbecker den Raum. Nein, man muss besser sagen: er erschien. Ein großer Traum von mir ging in Erfüllung, denn schon viele Jahre zuvor hatte ich es nicht geschafft, auf der Süßwarenmesse in Köln, der ISM, ihm ein Tütchen meiner Produkte zu überreichen. Jetzt war es soweit. Er war auf mich perfekt vorbereitet, wusste viele Details aus meiner Firma und so kam ein reges Gespräch in Gang. Natürlich musste ich meine ganze Geschichte erzählen und er erzählte mir die seine. Nach einer Stunde Austausch lud er uns zu einer persönlichen Führung durch sein Werk ein. Es ging durch die Hallen, in der ein Teil des Sortimentes hergestellt wird. Alles lief vollautomatisch und die Produktion von Dominosteinen interessierten mich besonders. Nachdem die Steine geschnitten und überzogen waren, liefen sie auf einem Band durch einen Kühltunnel. Von da aus in einen Verpackungsraum, in denen etwa vierzig Frauen die Dominosteine von Hand in die Verpackung legten. Das fand ich erstaunlich, da es die erste Handarbeit war, die ich sah. Darüber war ich froh, denn unsere Produkte werden auch von Hand verpackt.

Die Führung dauerte anderthalb Stunden und war sehr informativ, da ich alle Produktionsschritte nachvollziehen konnte. Ob meine Amaretti auch mal so hergestellt werden? Man weiß es nicht. Nachdem wir die Schutzkleidung abgelegt hatten saßen wir noch kurze Zeit im Showroom zum Gespräch. Dann fragte er, ob wir noch Zeit hätten. Es wäre doch schön, den Besuch mit einem Essen zu beenden. Und ob ich Zeit hatte. Er bestellte einen Tisch im vornehmen Quellenhof und wenig später fuhr der Bentley vor. Der Fahrer stieg aus und fragte mich, wo ich denn sitzen wolle. Wenn schon mal im Bentley, dann natürlich vorne. Die kurze Unterhaltung mit dem Fahrer werd ich nie vergessen. Er meinte so zu mir im Vertrauen, dass er froh sei, dass der Maserati abgeschafft worden ist, der Bentley ließe sich viel besser fahren.

Mein Gott dachte ich bei mir, der jammert aber auf hohem Niveau. Wir steuerten den Quellenhof an und hielten hinter einem Maybach, auch kein schlechtes Auto. Da es die Temperaturen es zuließen, nahmen wir draußen Platz. Sofort standen uns zwei Kellner zur Seite, begrüßten uns höflich und fragten nach Champagner. Ich beließ es beim Wasser, denn ich wollte ja noch in der Lage sein, das Essen zu bezahlen. Die Speisekarte kam. Alles sehr teuer, aber ich dachte mir solch eine Gelegenheit bekommst du nie wieder. Nachdem wir gewählt hatten setzten wir unsere spannende Unterhaltung fort. Er war wie ich auch besorgt um die Nachfolge. Seine Tochter studierte unbehelligt in München. Über Personal, Konkurrenz, Preise und Anspruch. Er fand mich in der perfekteren Situation. Ich brauchte nicht bis zur zweiten Stelle hinterm Komma kalkulieren.

Wenn der Name Lambertz fiel, dachte man zuerst an billig und es ist schwer, auch durch Firmenaufkäufe, davon loszukommen. Er machte im Jahr circa 660 Millionen Euro Umsatz und ist damit ganz zufrieden. Die Weihnachtszeit ist natürlich immer die stärkste Verkaufszeit. Ich saugte alles auf wie ein Schwamm. Das Essen kam und schmeckte vorzüglich. Der Quellenhof war das beste Haus am Platz und Dr. Bühlbecker war dort gut bekannt. Er bezahlte alles unauffällig mit der goldenen Kreditkarte und ich war aller Sorgen ledig. Da hätte ich auch den Champagner wählen können, anstatt am Wasser herumzunuckeln! Wir fuhren im Bentley zurück zum Werk und Herr Bühlbecker bat den Chauffeur noch die vorbereiteten Taschen aus dem Büro zu holen. Er bat uns im Auto sitzen zu bleiben. Offensichtlich handelte es sich hier um Sicherheitsmaßnahmen. Nachdem wir unsere Taschen in Empfang genommen hatten, die mit einem Jubiläumsbuch und allerlei Leckereien gefüllt waren, machten wir noch ein Foto und versprachen einander in Verbindung zu bleiben. Wir bedankten uns für den schönen Nachmittag.

Das Fazit lautete: Herr Bühlbecker ist ein sehr netter, bodenständiger, sportlicher Mann ohne Allüren, der als Unternehmer einen verschuldete Betrieb zu einem Imperium mit Werken in Amerika, Polen und vielen anderen Ländern aufgebaut hat. Die Kontakte zur Prominenz gehörten zu seiner Werbestrategie, die das Gebäck aufwerten soll. Gerne denke ich an den Tag zurück und er wird ein Höhepunkt meiner beruflichen Laufbahn bleiben. Danke für wertvolle vier Stunden, Herr Dr. Bühlbecker. Ein toller Mann.

Dr. Hermann Bühlbecker und Hermann Welp

PROF. DR. RER. POL. SENATOR E.H.
ALLEINGESELLSCHAFTER
DER UNTERNEHMENSGRUPPE LAMBERTZ
HONORARKONSUL DER REPUBLIK CÔTE D'IVOIRE

Herrn
Hermann Welp
Bäckerei Welp
Welpino
Moltkestraße 10 - 12
45128 Esse

Aachen, 24. Oktober 2016

Sehr geehrter Herr Welp,

leider kann ich am 14. November 2016 nicht dabei sein, wenn Sie als Marketingpreisträger den Club in Ihre Backstube einladen.

Sie werden sicherlich alles zeigen, was heute handwerkliches Backen zu leisten vermag und ganz besondere Einblicke geben in die Herstellung Ihrer berühmten Pasta di Mandorla. Hier handelt es sich um ein Produkt, das selbst die besten Bäcker Italiens nicht authentischer herstellen können.

Kreativität und Mut zum Außergewöhnlichen hat Sie zu einem der wenigen deutschen Bäcker gemacht, die diese Kunst beherrschen.

Nachdem Sie nun auch eine Reihe Großhändler für das Produkt gewonnen haben, sind die Produkte nun auch in großen Teilen Deutschlands erhältlich und auch Wien und Salzburg werden nicht auf Ihre Amaretti verzichten müssen.

Den Mitgliedern des Clubs steht sicher ein großer Abend bevor, der Einblicke in die große Kunst des Backens gibt. Viel Spaß dabei!

Ihr

Sehr geehrter Herr Welp,

leider kann ich am 14. November 2016 nicht dabei sein, wenn Sie als Marketingpreisträger den Club in Ihre Backstube einladen.

Sie werden sicherlich alles zeigen, was heute handwerkliches Backen zu leisten vermag und ganz besondere Einblicke geben in die Herstellung Ihrer berühmten Pasta di Mandorla. Hier handelt es sich um ein Produkt, das selbst die besten Bäcker Italiens nicht authentischer herstellen können.

Kreativität und Mut zum Außergewöhnlichen hat Sie zu einem der wenigen deutschen Bäcker gemacht, die diese Kunst beherrschen.

Nachdem Sie nun auch eine Reihe Großhändler für das Produkt gewonnen haben, sind die Produkte nun auch in großen Teilen Deutschlands erhältlich und auch Wien und Salzburg werden nicht auf Ihre Amaretti verzichten müssen.

Den Mitgliedern des Clubs steht sicher ein großer Abend bevor, der Einblicke in die große Kunst des Backens gibt. Viel Spaß dabei!

Ihr
  Hermann Bühlbecker

Brogsitter

Ein weiteres großes Label fragte an. Der Weinverlag Brogsitter, an der Ahr gelegen und einer der größten in Deutschland, erkannte in den Amaretti einen phantastischen Weinbegleiter. Auf dem Markt wurde mir das schon einmal bestätigt, dass besonders Mandel und Walnuss gut zu Wein passen. So gibt es jetzt einen sehr schönen und edlen Karton als Geschenkverpackung in Verbund mit einem Bio-Prosecco und zwei meiner Bio-Boxen zu kaufen. Ein tolles Geschenk unter dem Weihnachtsbaum und wertig dazu. Der Karton trägt die Aufschrift „DOLCI BIO" auf dem schwarzen Untergrund. Ich weiß, dass die Möglichkeiten noch lange nicht erschöpft sind und bin gespannt auf das, was noch kommt.

Auf den Märkten

Kettwig

Der Kettwiger Markt, den ich Anfangs Dienstag und Freitags besuchte, war für mich sehr wichtig. Nicht nur deshalb, weil ich meine jetzige Frau dort kennenlernte, sondern auch wegen der vielen netten Menschen, die ich dort kennenlernen durfte. Noch heute singe ich im Kettwiger Gospelchor, der für mich wie eine große Familie ist. Eine Begebenheit fällt mir immer wieder ein. Noch heute zehre ich davon und verabrede mich mit einem Freund zum Essen, den ich auf dem Markt kennenlernen durfte. Aber der Reihe nach. Ich erinnere mich an meinen Marktstand, gleich vor einem herrschaftlichem Mehrfamilienhaus am Marktplatz von Kettwig. Zu jedem Markttag kam aus der hinter mir liegenden Haustür ein großgewachsener Mann, der zu seiner Garage ging, um sein Auto um 5:30 Uhr dort herauszuholen.

Er war immer pünktlich, man konnte die Uhr danach stellen. Nachdem er sein Auto woanders geparkt hatte, ging er wieder die Treppen hoch und verschwand im Haus. Kurze Zeit später erschien mein Marktnachbar, der aus Pakistan stammte und Kleidung verkaufte. Er baute wie selbstverständlich seinen Stand vor der Garage auf. Ich dachte so bei mir, was wohl wäre, wenn der Wagen noch in der Garage stünde, aber noch gebraucht würde? So nahm ich mir vor, den Herrn Garagenbesitzer beim nächsten Mal danach zu fragen. Wie das so war natürlich hatte ich es dann aber auch wieder vergessen. Doch Wochen später fiel es mir wieder ein und ich bereitete etwas vor. Ich füllte vier Amaretti in eine kleine Tüte und wartete auf den großen Mann.

Alles war wie immer, er ging in die Garage, fuhr seinen schweren Audi heraus, parkte ihn woanders und strebte seiner Haustür zu. Da grüßte ich ihn laut und freundlich und er blieb etwas erschrocken stehen. Ich überreichte ihm die Tüte und wünschte ihm einen schönen Tag. Zögerlich griff er die Tüte und fragte mich nach dem Warum. Weil er so nett sei und sein Auto an jedem Markttag aus der Garage fährt, damit der Kollege Pakistani seinen Stand aufbauen könne. Das sei doch selbstverständlich, entgegnete er mir. Gar nicht, fand ich – toll wäre das und deshalb hätte er sich die Tüte als kleines Dankeschön redlich verdient. Er bedankte sich und versprach die Qualität des Gebäcks mit seiner Sekretärin testen zu wollen.

Wir wünschten uns einen guten Tag und wieder verschwand er im Haus. In den folgenden Wochen kam es, wie es kommen musste. Er kaufte nun Amaretti in größeren Mengen fürs ganze Büro. Offensichtlich hatten sie seiner Sekretärin geschmeckt. Man kam ins Gespräch, blieb beim Sie und er verriet mir, manches Mal auch die Frühmesse im Dom zu besuchen, bevor er zur Arbeit ging. Dass mein Bruder katholischer Priester sei verriet ich ihm im Gegenzug. So kamen wir uns immer näher und die Gespräche wurden länger. Ich freute mich morgens immer auf eine Unterhaltung mit Ihm, da so früh auf dem Markt sowieso noch nichts los war.

Dann wollte ich doch wissen was er den so beruflich macht. Darüber hatten wir überhaupt noch nicht gesprochen. Dass ich Markthändler war blieb ja nicht verborgen. Er überreichte mir seine Visitenkarte und verschwand wieder mit herzlichem Gruß im Haus. Darauf stand sein Name mit einem „Dr." davor und aus der Karte ging hervor, dass er eine Vorstandsposition in einem großen Energieunternehmen in Essen bekleidete. Das haute mich um. Ich fand es menschlich so wertvoll. Ein Dr. Vorstand nimmt Rücksicht auf den Markthändler Pakistani. Er stellt seinen Wecker früher und stellt seinen frühen Tagesablauf auf ihn ein, ohne ihn vielleicht zu kennen. Das war menschlich groß fand ich.

Eines Tages hielt eine schwere Limousine vor dem Haus und holte meinen Freund ab. Es war der Fahrer des Vorstandes und mein Herr Dr. hatte sich den Arm verletzt und Autofahren war unmöglich. Kurz und gut, ich mag Menschen, die sich so verhalten und wir sind seitdem befreundet, treffen uns einige Male im Jahr zum Essen in guten Speiselokalen Essens. Die Freundschaft ist mir sehr wichtig, da ich in Ihm einen Menschen gefunden habe dem ich voll vertraue. Solche Freunde findet man im fortgeschrittenen Alter selten. Ich wünsche mir, dass das noch ganz lange so weitergeht. Wenn Du diese Zeilen liest, sag ich einfach mal Danke für Deine Freundschaft.

Rüttenscheid, ein Markt und viele Freunde

Den ersten Tag auf dem Markt in Rüttenscheid werde ich nie vergessen. Mir wurde für meinen Verkaufsanhänger ein Platz genau gegenüber der Firma Austrup aus Nottuln angeboten. Ausgebreitet hatte mein Hänger eine Länge von 6 Metern. Wenn man ihn so zusammengefaltet sieht, glaubt man es kaum. Ich stellte mich morgens an einem Samstag bei meinem Kollegen gegenüber vor. Er fragte nach meinen Artikeln und ich glaube, so recht konnte er sich kein Bild von dem machen, womit ich mein

Geld verdienen wollte. Neben seinem Eierstand gab es noch einen großen Verkaufswagen, in dem seine Frau mit Sohn und einer Angestellten Geflügel, Lamm und Wildfleisch verkaufte. Franz-Josef war ein alter Fahrensmann, den so schnell nichts erschüttern konnte. Seit 50 Jahren war er schon auf Wochenmärkten unterwegs und man machte ihm so schnell nichts vor.

Ich baute also meinen Stand auf. Einen Stehtisch, der mir beim Aufbau im Wege stand, stellte ich solange in die Mitte des Ganges. Da kam Franz-Josef groß raus. Damit brauche ich gar nicht anfangen. Der Gang ist zu schmal, als das ein Stehtisch Platz hätte, herrschte er mich an. Oha, erst mal dem Neuen zeigen, wo der Hammer hängt, dachte ich. Ich erklärte ihm ruhig, was ich mit dem Stehtisch vorhatte und dass er innerhalb des Standes aufgestellt wird und so den Durchgang nicht behindern würde. Da hab ich wieder etwas gelernt. Die Sprache auf dem Markt ist rau. Erstmal dem Neuen zeigen was geht und was nicht.

Im Laufe der Zeit wurden wir gute Nachbarn und Freunde und er lud mich gar zu seinem siebzigsten Geburtstag ein, den er groß in und an seinem Haus feierte. Es waren nicht viele Markthändler da, so gehörte ich sogar zum erlauchten Kreis der engeren Freunde. Darauf war ich sehr stolz und unsere Freundschaft währt immer noch. Man kommt sich auch privat näher und er erinnert mich sehr an meinen Vater, der ebenfalls alles nicht so ernst nahm. Erstmal sacken lassen. Nur Behörden, die konnte er gar nicht leiden. Vorschriften, besonders aus dem fernen Brüssel, waren ihm ein Graus. Die Wasserköpfe der Verwaltung, seiner Meinung nach besetzt mit Menschen, die nie gearbeitet hätten, verschleudern nur unser Geld. Diesbezüglich hatte er viele Geschichten auf Lager. Aber wir haben auch viel gelacht.

Morgens, wenn noch kein Kundenandrang herrscht, diskutierten wir über Strategien, was man machen kann, um unsere Produkte noch mehr zu pushen. Er wunderte sich schon, dass alles bei mir so aufging was ich plante. Das hat ihm so glaube ich doch imponiert. Mit Eiern könnte man nicht so kreativ sein wie mit meinen Produkten. Ich denke mal drüber nach, versprach ich Ihm. Beim nächsten Mal schlug ich ihm bunte Eierkartons mit Band vor. Die Eier in Bio und mit Zertifikat und Bild von der Henne, bei der man gern eine Patenschaft übernehmen könne. Er erklärte mich für verrückt. Ich an seiner Stelle hätte es einfach mal versucht. Sechs Eier kosteten 5 € und wären ein originelles Mitbringsel oder Geschenk.

Zumindest wäre die Presse auf eine solche Aktion aufmerksam geworden. Ich glaube, er hätte es auf die erste Seite der Stadtteilzeitung gebracht. Mit einem Mal wäre sein Stand stadtbekannt gewesen. Aber Franz-Josef ließ sich nicht umstimmen. Manchmal beklagte er auch die Geschäfte, dass die Kunden immer später kämen und die alten Kunden es nicht mehr zum Markt schaffen oder wegsterben. Wenn dann die jungen Kunden ausbleiben, gehen die Geschäfte zurück. Da hat er Recht. Dieses Grundproblem kann nur durch schlaue Strategien bekämpft werden und die gilt es weiterzuentwickeln.

Es ist schon eine Besonderheit, warum gerade drei Geflügelhändler aus dem nahezu gleichem Dorf nach Rüttenscheid kommen. Vor 80 bis 90 Jahren wuchs die Bevölkerung in Essen durch die Industrialisierung stark an. Besonders nach den

Kriegen wurde gesundes Essen gebraucht. Also machten sich Mitglieder von drei Familien aus Nottuln und Buldern, was im Herzen des Münsterlandes liegt, auf nach Essen. Hier musste die Bevölkerung mit Geflügel, Wild und Eiern versorgt werden. Man fuhr mit einem LKW und breitete seine Waren, natürlich ohne Kühlung, auf bereitgestellten Marktständen aus. Später hatte dann jede Familie ein Auto und man konnte nach dem Markt noch Privatkundschaft mit Waren versorgen. Dass die Nachfahren noch heute den Rüttenscheider Markt ansteuern spricht für den Standort und ich freue mich besonders, denn sonst hätte ich echte Typen wie Franz-Josef nie kennengelernt. Überhaupt findet man noch alte Marktdynastien wie den Obsthändler Schandelle, bis vor kurzem noch mit 86 Jahren, auf dem Markt. Dessen Vater Hermann hatte schon einen Obst- und Gemüsehandel. Im Laufe der Zeit haben ganze Generationen von Kunden dort gekauft. Auch deshalb ist es wichtig junge Menschen für das Marktleben zu begeistern. Ich bin bereit meinen Teil dazu zu leisten.

Franz-Josef ist zur Zeit erkrankt. Ich hoffe, dass er bald wieder zum Markt zurückkehrt. Er kann nicht ohne und mir fehlt er sehr. Seine Schwiegertochter Sandra betreut den Eierstand und ist offen für neue Wege. Hier möchte ich mich in gebotener Zurückhaltung mit neuen Ideen einbringen. Wer weiß, vielleicht überraschen wir den alten Haudegen ja doch noch.

Die letzten zwölf Berufsjahre habe ich auf Märkten zugebracht. Viele Kunden regten uns an, aus den Anekdoten doch einmal ein Buch zu schreiben, damit diese Geschichten nicht verloren gehen. Eine Geschichte habe ich ja schon ausführlich beschrieben, die mit der Erdbeerverkäuferin, dem Phantom von

Moers. Auf jedem Markt gibt es Geschichten, die es wert sind geschrieben zu werden. Einige tragen dazu bei, warum meine Arbeit zum Hobby geworden ist. Wenn man Arbeit nicht mehr wahrnimmt, dann hat man seinen Beruf richtig gewählt. Ob es dazu kommt, liegt zunächst mal an jedem selbst. Das, was man ausstrahlt, das kommt auch wieder. Unter den Kunden gibt es auch vermeintlich hoffnungslose Fälle, bei denen es lange dauert bis sie auftauen und den Einkauf als Event und etwas Angenehmes ansehen.

Manchmal ist es auch traurig, das möchte ich nicht verschweigen. Wer nah am Menschen ist, bekommt auch Schicksalsschläge mit. Dann Worte des Trostes zu finden ist auch nicht immer einfach. Ich habe mir gesagt, reagiere ehrlich auf alles was kommt. Und wenn es sprachlos macht, dann ist das eben so. Dann schweigt man eben eine Zeit lang gemeinsam. Oder man nimmt in den Arm, auch das tut vielen einfach gut. Die schönen Momente sind aber deutlich in der Überzahl und wiegen alles auf. Viele Kunden interessieren sich für die Geschichte der Bäckerei, haben im Internet von den Besonderheiten und Erfolgen gelesen und achten auf Neuigkeiten und fragen auch danach. Von einer beeindruckenden Frau, die auf dem Markt in Moers kennenlernen durfte, möchte ich erzählen.

Moers

Es begann vor sechs Jahren in Moers. Dienstags und Freitag führte mich der Weg zum Neumarkt. Der Aufbau war gut zu händeln, der Umsatz machte besonders am Freitag Spaß. Vormittags so gegen 10 oder 11 Uhr trat eine sportliche Frau vor meinen Stand, an Jahren sicher 10 älter als ich, aber ich erkannte in Ihr jemanden, der besonders ist. Sie schien gut situiert und hatte sehr gute Umgangsformen, war sehr höflich und interessiert und neugierig auf meine Geschichten rund um die Amaretti. Natürlich nahm sie auch jedes mal welche mit. Zu Weihnachten wurde jeder bedacht, auch der Friseur, der ihr immer einen schicken Schnitt verpasste.

Nach einiger Zeit freute ich mich schon auf sie, nicht nur wegen der Umsätze, sondern einfach so. Sie erkannte, dass ich es nicht so gewohnt war, mich wie selbstverständlich in der Geschäftswelt zu behaupten. Spannend fand sie es allemal, Geschichte von neuen Eroberungen bezüglich der Amaretti zu erfahren. Einmal brachte sie mir einen Stein, einen sogenannten Handschmeichler, mit.

In kniffeligen Situationen sollte er mir helfen. Auf dem Stein stand das Wort „Erfolg" eingraviert. Ich war zunächst sprachlos. Dieser Stein sollte also eine Wirkung auf mein Tun haben. Da kann ja jetzt nichts mehr schiefgehen, dachte ich und versprach die Wirkung auszutesten. Eigentlich stand ich solchen Dingen eher distanziert gegenüber, aber weil sie es war – nun gut. Wochen vergingen und der Stein wurde mein ständiger Begleiter. Er wechselte die Hose so wie ich und nach einiger Zeit gehörte er zu meiner Kleidung wie Schuhe oder Jacke. Misserfolge hatte ich ja keine und schon die Tatsache schob ich auf den Stein. Dann folgte aber doch die große Bewährungsprobe.

Termin bei Porsche in Essen um 16 Uhr. Eine Viertelstunde früher stand ich mit dem schwarzen Kleinwagen meiner Frau, einem Hyundai i 10 auf dem Porsche-Parkplatz zwischen den protzenden Boliden und kam mir vor wie jemand, der auf den Arm müsste. Um 5 Minuten vor vier stellte ich mir die Frage, was machst du eigentlich hier, und wollte schon nach Hause fahren. Da ergriff ich den Stein in meiner Hosentasche. Ich drückte ihn fest in meiner Hand und sprach mit ihm und mit mir. „Dafür bist du da. Dafür schleppe ich dich die ganze Zeit mit mir herum. Jetzt zeig mal was du kannst!"

Und er zeigte mir den Weg. Wie ferngesteuert lief ich in das noble Autohaus, ließ mir Kaffee bringen und wartete geduldig auf die Entscheider. Und, was soll ich sagen? Der Deal gelang. Ich war im Geschäft und der Stein hatte dabei geholfen. Stolz erzählte ich meiner Kundin davon, wozu der Stein in der Lage war. Sie schmunzelte gutmeinend. Von da an gab es ganz viele Momente in meinem Leben, wo vieles richtig gut ging. Jedesmal schob ich es auf den Stein. Heute würde ich kein Flugzeug betreten wollen ohne ihn.

Eines Tages, es ging auf Ostern zu, orderte sie bei mir noch einige Amaretti und wir verabschiedeten uns. Sie wollte mit ihrem Mann verreisen. Danach habe ich sie nie wieder gesehen. Nach zwei Wochen stand ein Mann vor meinem Verkaufshänger und fragte, ob ich der italienische Bäcker wäre, der von seiner Frau einen Stein geschenkt bekommen hat. Der, bei dem sie immer die kleinen Köstlichkeiten kaufte. Ich bejahte seine Fragen und er gab mir einen Umschlag, den ich sofort öffnete. Es war ihre Todesanzeige und es wäre ihr Wille gewesen, dass ich auf diese Weise von ihrem Tod in Kenntnis gesetzt gesetzt würde. Ich war in Schockstarre. Ich kannte sie völlig fit, mit dem Fahrrad kommend, immer gut gelaunt und optimistisch dem

Leben gegenüber und jetzt das. Ich weiß gar nicht mehr, ob ich in der Lage war, mein Beileid auszusprechen.

Der Herr war sehr gefasst und erzählte mir etwas von den tragischen Umständen. Auf seine Frage, ob er mir von seiner Frau ein Bild mitbringen dürfte, bejahte ich natürlich. Der Tag war gegessen. Ich fühlte mich schlecht und die Lust auf Markt war mir gründlich vergangen. Der Stein ist das, was mir von ihr blieb. Für mich ist er ein starkes Andenken an eine starke Frau. Ihr Bild steht jetzt auf der Fensterbank in meinem Büro. Mit Ihrem Mann verbindet mich etwas sehr Besonderes. Er kommt jede Woche etwas früher zum Markt, so bleibt immer Zeit für ein Gespräch. Mal über Urlaub, über mein Geschäft, oder einfach so. Er berät mich kompetent, wo er kann und ich lerne viel von Ihm. So mancher Tip hat mir schon geholfen. Ich freue mich jede Woche auf ihn und manchmal könnte ich mich über Kundschaft ärgern, die uns unterbricht. So führt er das, was seine Frau begonnen hat, weiter. Da er sehr sozial engagiert ist, wurde er später auch zum Spender der Boxen für die Essener Chancen. Dazu später mehr.

Markterlebnis in Heiligenhaus

Ein schöner sonniger Tag auf dem Nachmittagsmarkt in Heiligenhaus. Der Umsatz, der zu erwarten war, würde wohl meinen Vorstellungen entsprechen. Der Aufbau war noch nicht ganz abgeschlossen, da sah ich eine ältere Dame die Stufen des Rathauses herunterkommen. Es wäre nichts besonderes gewesen, wenn sie nicht einen unverschämt kurzen Minirock getragen hätte. Ihre Figur war total o. k., aber der Minirock? Sie kam mit einem Lächeln auf mich zu und man konnte annehmen, sie wäre so richtig im Reinen mit sich und der Welt. Höflich fragte sie mich, ob ich ich schon etwas verkaufe. Natürlich, sagte ich. Sie hatte wohl große Lust zu plaudern.

Zuerst natürlich über das schöne Wetter, dann über ihre gute Laune, die nicht von Ungefähr kam. Stolz verkündete sie, dass sie jetzt seit wenigen Minuten Rentnerin wäre. Endlich Zeit für Enkelin und Hobbys. Natürlich war ich neugierig. Sie wäre so beschwingt die Treppe des Rathauses heruntergegangen sagte ich. Genau, gerade hätte sie ihr Gewerbe gelöscht und bezieht von nun an Rente. Deshalb sei sie im Rathaus gewesen und sie fände das Leben im Moment so richtig schön.

Ich mag Menschen, die sich freuen können und das auch zeigen, anstatt immer zu grübeln und das Haar in der Suppe suchen. Man muss den Augenblick auch mal genießen können. Das tat diese Dame gerade ausgiebig. Nun wollte ich aber doch wissen, was sie in ihrem Leben so beruflich gemacht hat. Auf meine Frage antwortete sie prompt und ohne mit der Wimper zu zucken. Sie wäre Telefonsex-Dienstleisterin gewesen. Das sagte sie so, als hätte sie gerade ihren Dienst im Büro oder in einer Metzgerei quittiert. Freimütig erzählte sie mir von den Vorlieben ihrer Stammgäste, die immer nur von ihr bedient werden wollten. Sie war an eine Organisation angeschlossen und auch die Arbeitszeiten waren geregelt. Ich staunte Bauklötze und sie hatte offenbar Freude daran, mich so sprachlos zu sehen. Einige Stammgäste wollte sie wohl noch weiter betreuen, da sie die Vorlieben eines jeden genau kannte. Ich wünschte ihr viel Glück und vor allem viel Spaß mit der Enkelin und dass sie weiter so fröhlich bleibt.

Sie bedankte sich und setzte ihren Marktspaziergang fort. Ich habe ja immer schon geahnt, dass am anderen Ende der Leitung nicht unbedingt ein Model sitzt mit 90-60-90er Maßen, aber eine 65-jährige im Minirock, na ich weiß nicht. Vielleicht noch mit Headset und strickenderweise ihrem Job nachgehend. Frauen können halt Multitasking.

Die Jugend holt mich ein

Weiter bewegt hat mich eine Begebenheit, wo mich meine Jugend einholte. Wieder Tatort Moers. Ein Ehepaar fortgeschrittenen Alters, er mit unverkennbarem kölschem Akzent, wurde zu treuen Kunden. Freitag für Freitag etwas Schinken und etwas Brot, manchmal ein paar Amarettis. Beide fit und dem Leben zugetan. Er, schon in den Achtzig, jeden Morgen bei Wind und Wetter Dehnübungen auf dem Balkon. Golf war seine große Leidenschaft.

Sobald es das Wetter zuließ, ging er zum Golfplatz. Eines Freitags sagte die Frau „Wo kommen sie her, aus Essen!" Ja, das stand ja auf dem Schild, was verbindlich an jedem Stand angebracht sein musste. Sie wunderte sich, dass ich einen so weiten Weg auf mich nahm. Ein guter Markt, dürfe schon mal eine halbe Stunde weit weg liegen, sagte ich. Er fügte gleich hinzu, dass er Essen gut kenne, besonders die Fußballplätze wie das altehrwürdige Uhlenkrugstadion, auf dessen Platz er schon so manche Auswahlmanschaft trainiert hatte. Ich stutzte.

Sagte er Auswahlmannschaft? Für den Kreis Niederrhein? Moment mal. Da hab ich doch auch gespielt. In allen Jugendauswahlmannschaften war mein Name notiert. Wir nannten einige

Namen, um uns zu vergewissern. Tatsächlich, jetzt fiel es mir wie Schuppen von den Augen. Vor mir stand mein ehemaliger Auswahltrainer, den ich nach über 45 Jahren wiedergetroffen habe. Die Freude war auf beiden Seiten groß und er versprach, beim nächsten Mal sein Notizbuch aus der damaligen Zeit mitzubringen. Darin standen alle Namen der entsprechenden Jahrgänge. War ein Sternchen hinter dem Namen, so war der Spieler für höhere Aufgaben geeignet.

Darauf die Woche kam mein Pärchen wieder, er mit Notizbuch. Sepp Herberger hatte auch so eines besessen und die folgenden Trainer taten es ihm gleich. Fein säuberlich war mein Name zu lesen, natürlich mit Sternchen versehen, wie sich das gehört. Ob er das Sternchen mir zuliebe nachträglich eingetragen hat, entzieht sich meiner Kenntnis. Wir konnten noch oft fachsimpeln und es gab immer was neues zu berichten. Das ging Jahre so, ich konnte ihm auch ein Treffen mit einem alten Trainerkollegen vermitteln, den er Jahrzehnte nicht gesehen hat. Sie verabredeten sich an meinem Stand in Moers und verbrachten einen ganzen Tag miteinander. Zu einem weiteren Treffen kam es dann doch nicht. Ihn traf der Schlag im Urlaub, und das ganz unvermittelt. Keiner rechnete damit. Seine Frau hatte es nicht leicht danach, hatten sie doch alles gemeinsam unternommen. Sie hing sehr an ihm und es traf sie schwer, als er gehen musste. Das ist jetzt zwei Jahre her und wir schwelgen immer in Erinnerungen, denn sie kommt weiterhin treu zum Einkauf. Ihre Kinder und Enkel fangen sie Gott sei Dank gut auf und kümmern sich. Jetzt hat sie langsam alles im Griff. Es ist ihr zu wünschen, dieser feinen Frau.

So ist das Leben. Der Tod gehört zum Leben und das ist mir erst auf dem Markt so richtig deutlich geworden. Aber es gibt auch ganz andere Begebenheiten, bei denen man sich freut, dass man ein wenig begleiten und unterstützten durfte, da wo es notwendig war. Manche Menschen brauchen das auch gar nicht. Sie möchten nur erzählen. Da ist die Hauswirtschaftsmeisterin, die mit 36 Jahren studieren möchte und etwas Anschub für ihre Entscheidung brauchte. Auch wenn ich sie vielleicht nie mehr wiedersehe, bleibt sie mir doch in guter Erinnerung und ich wünsche ihr das Allerbeste. Jeden Mittwoch kam sie zum Stand nach Rüttenscheid und zog wegen des Studiums ins Westfälische. Beim Abschied standen uns doch die Tränchen in den Augen. Emotionale Momente gibt es auf dem Markt zuhauf.

Dame mit Hund

In Moers bin ich sehr gerne auf dem Freitagsmarkt. Schon seit acht Jahren fahre ich dorthin. Es sind Niederrheiner, ein ganz anderer Menschenschlag als im Ruhrpott. Hier war Hanns-Dieter Hüsch zu Hause. Eine bronzene Figur in der Altstadt erinnert an den großen Kabarettisten und Schriftsteller. „Alles was ich bin ist niederrheinisch" hat er mal gesagt. Das trifft auch auf viele Menschen hier zu. Der Ruhri kommt mit allen klar, hab ich mir gedacht, und so ist es mir gelungen einen großen Kundenstamm von meinen Produkten zu überzeugen. Manchmal sind die Niederrheiner auch sturer als die Ruhris und nicht so experimentierfreudig. Sie kaufen oft jahrelang einen Artikel, ohne einen anderen zu probieren. So verbindet man schnell Artikel mit Gesichtern, die Woche für Woche auftauchen.

So geht es mir auch mit meiner ersten Kundin um sieben in der Früh. Die Kirchenglocke schlägt sieben mal und schon taucht meine liebenswürdige Frau mit Hund vor mir auf. Schnell hab ich erkannt: ihr Hund ist ihr Baby, das mit festen Regeln lebt, aus Rumänien stammt und bei ihr ein neues zu Hause gefunden hat. Bei dieser Kundin stellt sich nur die Frage nach einer oder zwei Focaccia. Oftmals hängt es auch mit dem Datum zusammen. Am Ende des Monats eher eins. Der Hund bekommt nur das Beste, darf bei der zweiten Runde über dem Markt nicht mehr dabei sein. Er soll sich ausruhen und bleibt zu Hause. Ich denke auch, ein Hund muss auch mal ausschlafen dürfen! Ich hoffe sie kommt noch oft mir ihrem Hund, der jetzt vier Jahre alt ist. Der Tag fängt schon mit einem Lächeln an. So kann es gerne weitergehen.

Alte Dame

Nicht vergessen werde ich eine alte Dame, Frau Braukmann aus Rüttenscheid, die mich Mittwochs und Samstags aufsucht. Schon jahrelang ist sie meine Kundin und hat früher mit ihrem Mann, der früh verstarb, ein Geschäft für Kindermoden geführt. Sie erzählte von Kunden generationenübergreifend, die bei Ihr einkauften. Das Geschäft war eine Institution in Rüttenscheid. Sie war trotz ihres hohen Alters noch sehr rüstig und fuhr bis vor zwei Jahren noch regelmäßig Fahrrad. Wenn das Wetter schön war und die Sonne wärmte, war sie sogar noch am Baldeneysee unterwegs. Eines Nachmittags hatte ich Lust auf eine Runde mit dem Rad um den See. Mit Radbrille und Helm ging es los. Am See angekommen sah ich meine alte Dame vom Markt auf einer Bank in der Sonne sitzen. Auch sie war mit Brille und Helm gerüstet. Ich fragte höflich, ob ich mich zu ihr setzen dürfte. Sie hatte mich nicht erkannt, aber bejahte meine Frage. Nachdem ich mich zu ihr gesetzt hatte, kamen wir ins Gespräch. So typisch auf Anmache meine Frage, ob wir uns nicht kennen. Sie schaute ganz verdutzt und zögerte merklich mit ihrer Antwort. Sie glaubte nicht, gab sie mir zu verstehen. Dann nahm ich meine Brille ab und danach meinen Helm. Ich gab mich zu erkennen und sie musste herzlich lachen. Eine ganze Stunde erzählte sie mir aus ihrem Leben und wir genossen es gemeinsam so entspannt zu plaudern. Danach wollte sie ihren Weg fortsetzen. Sie hatte gewisse Rituale und Zeiten, die für sie wichtig waren, eingehalten zu werden. An meinem Stand erzählen wir heute noch von unserer Begegnung am Baldeneysee und unserem Bankgeflüster. Bei Ihrem Einkauf ist es wie in Ihrem Berufsleben. Ihre Artikel ruft sie vor ihrem geistigen Auge ab. Das hab ich noch, das auch, aber das kann ich noch gebrauchen. So hat sie ihren Vorrat immer vollständig. Heute geht sie am Rollator, aber fröhlich ist sie immer noch und freut sich ganz besonders darauf, ab und zu zu ihrer Schwester nach Warendorf zu fahren. Ihr Dialekt weist auf diese Gegend hin. Ich hoffe, sie kann noch ganz lange bei mir einkaufen, die Dame von der Bank am See.

Heute, spät im März, überbrachte mir eine Freundin von ihr die Nachricht, dass Frau Braukmann plötzlich gestorben ist. Ich war geschockt, denn ich hatte Sie eigentlich erst seit Kurzem vermisst. So ist es nun, sie wurde 92 Jahre alt. Ein gesegnetes Alter. Sie hatte sich so auf ihren Abschnitt in diesem Buch gefreut. Nun kann sie ihn nicht mehr lesen. Wir hatten uns für den Sommer noch einmal einen solchen Banknachmittag am

Baldeneysee vorgenommen. Ihre Freundin machte mir einen schönen Vorschlag. Ich solle den Nachmittag in Memoriam doch mit ihr verbringen, aus dem Buch vorlesen. Das fand ich gut. Ich bin sicher, wir sitzen zu dritt auf der Bank und auch Frau Braukmann lauscht den Geschichten. So kann sie doch auch dabei sein. Sie hat sich immer einen plötzlichen Tod gewünscht. Ich sage „Tschüss!" und danke in guter Erinnerung für alle Begegnungen, die wir hatten. Wenn ich jetzt ein Oliven-Piccolo verkaufe, denke ich sowieso an sie. Ruhe sie in Frieden.

Begegnung mit Geheimnis

Begegnung mit einem besonderem Mann mit einen unerwartetem Geheimnis auf dem Markt in Bockum.

Donnerstags am Vormittag findet der Markt in Krefeld-Bockum statt. Es ist ein beschaulicher, sehr umsatzstarker Markt in einem gutsituierten Stadtteil. Für uns Händler sehr bequem, können wir doch unsere Fahrzeuge gleich hinter dem Stand parken. Der Markt schließt um 12 Uhr und ist somit kurz und knackig. Vorwiegend Stammkundschaft bevölkert die Stände, so auch meinen. Ein ausgesprochen gut gekleideter Mann in den besten Jahren kommt jede Woche und kauft immer das gleiche. Amaretti und Nudeln und manchmal auch Käse. Das geht Wochen so, bevor meine Neugierde erwacht. In einem lockeren Gespräch kamen wir auf die Vor- und Nachteile meines Berufes als Markthändler zu sprechen. Er könnte das nicht. Ihm wäre der Gelderwerb zu aufwendig, auch wenn er noch so viele schöne Seiten böte.

Er hätte in seinem Leben immer versucht, mit möglichst wenig Aufwand hohen Ertrag zu erzielen. Er sei Investor für Immobilien und das wäre längst nicht so mühsam. Da fühlte ich mich doch ein wenig herausgefordert und übergab ihm meine Visitenkarte. Er solle sich die Seite im Internet mal durchlesen und nächste Woche könnten wir weiter reden. Die Nummer blieb mir doch sehr im Kopf. In der darauffolgenden Woche war die Schlange am Stand leider zu lang, sodass wir das Gespräch verschoben. Beim nächsten Mal kam er etwas früher und er lobte mich für meine Aktivitäten. Das hätte er gar nicht gedacht. Und dann erzählte er mir eine spannende Geschichte. Er hätte auch etwas mit dem Backhandwerk zu tun. Im Jahre 1987 feierte er Weihnachten bei seinen Eltern und las ein Buch über August den Starken, der 1730 das Zeithainer Lustlager in der Nähe von Dresden veranstaltete.

Er beauftragte den Bäcker Andreas Zacharias, einen Riesenstollen zu backen. Es wurde ein großer Ofen gebaut und 100 Bäcker backten einen 1800 kg schweren Stollen. Dieser wurde auf einem Leiterwagen durch das Lager geschoben. Alles ist historisch belegt, denn mein Bekannter war eigentlich Kunst- und Kulturhistoriker. Während seiner Recherche im Kupferstichkabinett der Elbmetropole Dresden fand sich auch ein Stich, der genau diese Abbildung mit Stollen, Ofen und Leiterwagen zeigt. Mit dieser Geschichte konfrontierte er den Dezernenten für Kultur in Dresden und regte ein Stollenfest mit Umzug und allem Drum und Dran an. Nachdem auch für das Guinnesbuch der Rekorde der größte Stollen der Welt in Dresden gebacken wurde – bis dahin war das Ingolstadt – stand der Idee des Stollenfestes in Dresden nichts mehr im Wege. Genau 264 Jahre nach dem

Zeithainer Lustlager findet an jedem Sonnabend vor dem 2. Advent das Stollenfest als Höhepunkt der Vorweihnachtszeit in Dresden statt.

Rund 500 Mitwirkenden verzaubern die Dresdener Altstadt. 180.000 Menschen säumen die Straßen, wenn der Riesenstollen durch Dresden gekarrt wird und anschließend für einen guten Zweck an die Besucher in kleinen Stücken verkauft wird. Mit anderen Worten, vor mir stand der Erfinder des Dresdener Stollenfestes, Dr. Peter Mutscheller. Jedes Jahr ist er als Ehrengast zum Fest geladen und hat mittlerweile auch das Stollenmesser nach alter Vorlage kreiert. Im Internet, versilbert oder ganz aus Silber, zu kaufen. Welch eine Idee und welch ein Zufall. Wir hatten nun jeder eine gute Idee im Leben gehabt und verabredet, diesem Zufall eine Chance zu geben. Wir werden prüfen wie sinnvoll eine kreative Zusammenarbeit hinsichtlich meiner Amaretti sein könnte. Eine spannende Frage. Ich habe immer nach Menschen gesucht, die überzeugt eine solche Zusammenarbeit anstreben. Die Chemie zwischen uns stimmt und vielleicht habe ich ja nun jemanden gefunden.

Von einer Chinesin lernen

Mich interessierte mich schon immer, wie Menschen aus verschiedenen Kulturkreisen so ticken. Menschen aus der Türkei kannte ich ja schon, aber Japan, Korea und China, alles Menschen mit einer andere Augenform, waren mir völlig fremd. Umso glücklicher war ich, dass sie vermehrt zu meinen Kunden gehörten. In Düsseldorf waren es hauptsächlich Japaner, was bei der hohen Anzahl und Konzentration von Japanern in Düsseldorf verständlich ist. In Essen waren es Chinesen. Chinesen kannte ich bisher nur aus den einschlägigen Lokalen. Dort waren sie immer höflich und zuvorkommend. In Rüttenscheid lernte ich eine Chinesin kennen, die außerordendlich gut Deutsch sprach. Neugierig, wie ich immer war, entlockte ich Ihr das Geheimnis. Ma Yin studierte Germanistik in der Universität Duisburg-Essen. Jeden Samstag kam sie zum Einkauf auf den Markt. Bei mir hatte sie Mandelkuchen und eine spezielle Salami ausgesucht und war sehr artikeltreu. Was sie gerne beruflich machen möchte, wenn sie mit dem Studium fertig ist, wollte ich wissen. Ihre Antwort verblüffte mich: „Ich gehe zurück nach China und möchte beim Aufbau meines Landes helfen." Bisher habe ich immer nur Kritisches über China gehört. Wenig Freiheit im Denken, Kontrolle der Bürger bis in die Privatsphäre. Die Ein-Kind-Politik zur Lösung der Überbevölkerung. Umweltsünden, die den Menschen den Atem raubt. Die Bilder im Fernsehen waren besorgniserregend. Dorthin wollte „meine" hübsche Chinesin zurück?

Sie kam aus der Gegend, wo China an die Mongolei grenzt. Wie sie mir erzählte, war sie verheiratet und ihr Mann lebt in China, kommt aber schon mal nach Deutschland. Beim nächsten Mal, wenn er da ist, bringt sie ihn mit und stellt mir ihn vor. Ich trug ihr meine Bedenken vor und sprach über die Vorzüge, die Deutschland zu bieten hätte. Sie lächelte immer höflich und sagte dann einen Satz, über den ich oft und lange nachdenken musste. Er öffnete mir quasi die Augen und seitdem beurteile ich die andere Systeme nicht mehr voreingenommen. Dieses große China sei nicht so zu regieren wie mein kleines Deutschland. Die vorsichtige Öffnung des Landes sei der richtige Weg auf dem langen Marsch der noch vor China liegt, hin zu einer Gesellschaft, in der sich die Menschen wohlfühlen können.

Auch der Wohlstand würde ständig besser und die Umwelt hätte gerade Vorrang vor allem. Dass dieser Weg weiter beschritten wird, dabei möchte sie helfen. Bis Mitte nächsten Jahres schreibt sie an Ihrer Doktorarbeit und verlässt dann Deutschland. Wir haben vereinbart weiter in Kontakt zu bleiben und eine Brieffreundschaft auf deutsch zu pflegen. Ich bin schon ein bisschen traurig, wenn sie geht. Sie ist ein Sonnenschein an jedem Samstagmorgen, auch wenn es regnet.

Meine zweite Chinesin, von der ich erzählen möchte, ist auch Studentin, die vor meiner Theke stand und mich in gebrochenem Deutsch nach einer Praktikumsstelle fragte. Sie wollte gerne mit mir Samstags auf dem Markt arbeiten, um noch besser Deutsch zu lernen. Sie hätte es bei Mc Donalds versucht, aber nur in der hinteren Küche arbeiten dürfen. Dort konnte sie nichts lernen, da kaum jemand Deutsch sprach. Was sie studierte, wollte ich wissen – Operngesang in Düsseldorf. Diese zierliche Persönlichkeit und Operngesang? Das konnte ich mir nur schwer vorstellen. Kannte ich doch Operndiven wie Montserrat Caballé oder die Gruberová sowie Anna Netrebko, alles kräftige Frauen mit großartigem Stimmvolumen. Aber es ging ja in erster Linie ums Deutsch lernen.

Da ich ja nicht nein sagen kann sagte ich zu und schaute dem „Abenteuer" ins Auge. Ihr Deutsch musste wirklich besser werden. Sie sprach ja nicht nur schlecht, sondern verstand auch wenig was ihr gesagt wurde. Mit Gesten versuchte ich meinen Sätzen Ausdruck zu verleihen. Das ungewöhnliche war, dass jeder Kunde sie sehr sympathisch und geradezu liebenswürdig fand. Überall kam das Kümmergen zum Vorschein. Sie hatte alle Sympathien auf ihrer Seite. Fast hätten sich die Kunden selbst bedient, ohne das komisch zu finden. Ihr wurde absolut nichts krumm genommen. Mit ihren süßen Mandeläugelchen, die sie gekonnt einzusetzen verstand, gewann Sie auf ganzer Linie.

Auch sie war verheiratet, kam aber manchmal mit einem sehr traurigen Gesicht zur Arbeit. Ihr Mann, ebenfalls Student, hatte sie wieder ausgeschimpft. Manchmal wurde er auch handgreiflich. Sie beschloss sich zu trennen, was gar nicht so einfach ist, wenn man in Deutschland keine Unterstützung hat und die Landessprache nicht beherrscht. Ich wollte ihr helfen und tat das mit Unterstützung einer Verkäuferin aus dem Betrieb, die sie als Ersatzmama ansah. Die Eltern in China waren gut situiert und ermöglichten ihr eine eigene Wohnung und den Unterhalt in Deutschland. Die Gesamtsituation verbesserte sich und auch ihr Deutsch machte deutliche Fortschritte. Das Studium musste sie intensivieren, was aufgrund der gewonnenen Sprachkenntnisse auch gut gelang. Dann wollte ich ja auch wissen, wie sich ihre Stimme anhört. Eine kurze Kostprobe am Stand hat mich fast umgehauen. Die Kunden vor dem Stand erstarrten vor Ehrfurcht. Wie konnte aus einem solchen Körper, der so zierlich war, eine solche Stimme kommen? Sogleich bat ich sie, auch meinem Freund Franz-Josef Austrup am Hähnchenstand eine Kostprobe ihres Könnens zu gönnen.

Er fühlte sich sofort in die großen Konzertsäle der Welt versetzt, obwohl er bestimmt noch keinen von innen gesehen hat. Nach einiger Zeit beendete sie ihr Praktikum bei mir und zog nach Düsseldorf. Wir pflegen unsere Verbindung und manchmal schickt sie mir kleine Filmsequenzen von ihren Auftritten. Sie hat einen netten Freund gefunden, der auf sie acht gibt. Von gemeinsamen Reisen durch Europa schickt sie mir immer wieder Bilder. Ich freue mich immer von ihr zu hören und zu sehen, weil gerade ihr Aufenthalt bei mir auf dem Markt sie weit nach vorne gebracht hat. Wenn sie es irgendwann auf die Bretter, die die Welt bedeuten, schafft, war es auch ein klein wenig dem Markt geschuldet. Das würde mich natürlich sehr stolz machen.

Amtsärztin

Pünktlich immer zur selben Zeit erscheint eine ehemalige Ärztin vor meinem Stand. Sie ist nicht verheiratet und hat auch keine Kinder, aber eine große Verwandtschaft und eine Schar von Nichten und Neffen. Nach einiger Zeit ergaben sich Gespräche über Gott und die Welt. Gott und der Welt machte Sie auch die Amaretti bekannt, indem sie auf Reisen immer als Gastgeschenk Amaretti dabei hatte. Sie sind immer gut angekommen. Gleichzeitig erkundigte sie sich über die Verbreitung dieses herrlichen Gebäcks, bis sie eines Tages völlig überraschend meine Amaretti in einem Reformhaus in Niederbayern antraf. Dort standen sie fein aufgereiht in einem Regal. Natürlich kaufte sie eine Packung und erklärte, den Hersteller vom Wochenmarkt in Rüttenscheid zu kennen. Für sie stellte sich unser kleine Plausch immer als Besonderheit heraus. Mir geht es genauso und ich hoffe wir können unsere kleinen Treffen noch lange fortsetzen. Da zeigt sich wie man durch Ansprache Kunden binden kann. So macht Markt richtig Spaß.

Als ich vor zehn Jahren auf den Rü-Markt kam, war es für mich schon manchmal seltsam. Da ich nicht weit von Rüttenscheid groß geworden bin, kannten mich doch sehr viele Menschen schon aus meiner Jugendzeit. Aktiv war ich damals in der Pfarrjugend von St. Hubertus und im Fußballverein DJK Bergerhausen. Viele von diesen Menschen hatte ich 30 bis 40 Jahre nicht gesehen. Teilweise habe ich sie gar nicht mehr erkannt. In der Mehrzahl überwog die Freude des Wiedersehens. Peinlich ist es nur, wenn ich den Gegenüber nicht erkannt habe, oder mich an Begebenheiten nicht erinnere. Ich freue mich heute auch immer über Besucher von Außerhalb, die zu Besuch sind und Marktluft schnuppern wollen. Ganz oft loben sie den Markt in höchsten Tönen.

So etwas gibt es bei Ihnen nicht und Marktsingen schon gar nicht. Auch Stammgäste aus Bayern nehmen regelmäßig Waren vom Rüttenscheider Markt mit. So haben wir doch schon mit unseren Aktionen viel erreicht. Die Attraktivität noch weiter zu erhöhen muss unser Ziel sein. Dann kommen auch die Menschen. Besonders Spaß machen die Kinder, die, wenn noch klein, sehr schüchtern ihre Eltern auf den leckeren Mandelkuchen hinweisen, der immer auf der Theke steht. Die Probierstückchen sind zu verführerisch. Sie klettern kurzerhand auf die Taschenablage und nehmen gleich zwei Stückchen. Danach werden sie von ihren Eltern meist gebremst. Hinter der Taschenablage, in Augenhöhe der Kids, stehen drei kleine Vespas im Tresen. Ein kleiner Junge wollte unbedingt einen haben und ließ sich nicht abbringen. Eigentlich stehen sie nicht zum Verkauf, aber der Junge gab keine Ruhe, er hatte sich zu sehr verliebt. Sein Weinen und Schluchzen war wirklich herzzerreißend. Bei mir musste der

Verkauf weitergehen und so schenkte ich Ihm eine der Vespas. Von da an war ich für ihn ein ganz Großer. Pädagogisch war das sicher eher falsch.

Einmal hatte ich auch richtig Ärger. Es hatte sich eine lange Schlange am Stand gebildet. 250 g Rinderschinken hatte ich dünn für eine gute Kundin zu schneiden. Das dauert natürlich. Während des Schneidens unterhielten wir uns über Alltägliches. Ein Mann im hinteren Drittel der Schlange maulte, ich solle nicht so viel quatschen sondern mich lieber beeilen. Da war ich wie ferngesteuert. Ich stellte meine Aufschnittmaschine aus, ging zu dem Typ herüber und deutete ihm, dass er hier und heute nichts kaufen könne. Erst beklemmende Ruhe und dann einhellige Zustimmung für mein Verhalten. Wenn auf dem Markt kein Platz mehr sein darf für einen kleinen Plausch, dann würde ich auch lieber zum Discounter gehen. Auf solche Kunden kann ich gerne verzichten.

Ich liebe die Atmosphäre an meinem Stand. Entspannt, freundlich und höflich begegnen wir den Kunden und so kommt es auch zurück.

Ich könnte noch stundenlang von Menschen auf dem Markt erzählen. Das waren nur einige Beispiele Der Markt ist nicht nur ein Ort des Einkaufs. Er ist ein wertvoller Ort der Begegnung, ein schützenswertes Kulturgut, um das es sich zu kämpfen lohnt. Leider hat aus vielerlei Gründen das Interesse am Markt abgenommen. Einige meiner älteren Kollegen erzählen mit Sternchen in den Augen von früheren Zeiten, als sich die Bretter vor lauter Ware bogen und die Gänge schwarz vor Leute waren. Das Einkaufsverhalten, das nötige Kleingeld, das Wetter, die

Uhrzeit, alles Mögliche wird angeführt und trotzdem glaube ich an den Markt als Hotspot des Austausches. Es ist eine spannende Freiluftveranstaltung und eigentlich immer schön, bei Sommer und Winter. Allerdings hat man in den fetten Jahren geglaubt, der Markt sei ein Selbstläufer. Das ist er nicht und im nächsten Artikel erzähle ich wie ich versuche ihn attraktiv zu halten.

Wochenmarkt und Marketing

Der Wochenmarkt ist die Urform des Einkaufs. Früher hatte der Wochenmarkt vielfältige Funktionen. Nicht nur die Beschaffung von Lebensmitteln stand im Vordergrund. Der Kühlschrank war noch nicht erfunden. Deshalb gab es mancherorts einen täglichen Markt und anderswo drei mal die Woche eine Versorgung mit frischen Lebensmitteln. In manchen Gegenden der Welt ist das heute noch so.

Welche Vorteile bietet der Wochenmarkt gegenüber den Supermärkten in heutiger Zeit unter den modernen Gesichtspunkten? Damit meine ich auch die Kriterien, die heute an Müllvermeidung, Plastik, Beratung, Empfehlung und Event gestellt werden. Auf dem Wochenmarkt geht Einkauf sehr schnell, wenn ich das will. Es gibt Obst, Käse, Brot, Fleisch und Fisch in großer Auswahl. Ich kann mir auch sehr viel Zeit lassen, Freunde treffen, Kaffee trinken oder hier und da auch ein Gläschen Wein verkosten.

Wo gibt es ein solches Ambiente am Samstagvormittag? Hier gibt es noch die Möglichkeit, seine Waren unverpackt auszusuchen. Die Gesellschaft besteht immer mehr aus Singlehaushalten. Hier bekommt der Singel noch eine und nicht drei Paprika in Plastik verpackt, von denen er eine doch später wegwirft. Das Prinzip des Wegwerfens ist zur Verkaufsstrategie der Supermarktmanager geworden. Das ist schon aus ethischen Gründen verwerflich. Was im Supermarkt in Plastik versteckt wird liegt hier offen zu Tage. Hier kann man sich mit allen Sinnen von der Qualität der Ware überzeugen.

Wer von uns hat nicht schon mal einen vermeintlich frischen Fisch aus dem Supermarkt aus seinem Plastikgefängnis befreit, wo der Geruch nur noch die Entsorgung in der Mülltonne an der frischen Luft zuließ. Beim Discounter oder im Supermarkt, wo man den Eindruck hat, man ist gehetzt und jeden Moment fährt ein anderer mir mit seinem Einkaufswagen in die Hacken. Das neueste erfährt man auf dem Wochenmarkt und selbst Gerüchte machen hier die Runde. Clevere Verkaufsstrategen versuchen verzweifelt, in Ihren Supermärkten eine ursprüngliche Marktatmosphäre zu schaffen. Sie müssen scheitern, weil es ihnen nicht gelingt, die Seele des Wochenmarktes einzufangen. Da muss der Wochenmarkt ansetzen und ist unschlagbar. Leider ist es häufig so, dass das Selbstbewusstsein fehlt. Da gibt es noch viel Luft nach oben. Wie das auf unserem Markt versucht wird, erzähle ich im nächsten Abschnitt des Buches.

Marketing

Eines Tages, spät im November 2016, kam ein Marktkollege zu mir an den Stand und wir sprachen über die Situation des Marktes, über die Umsätze, die zu wünschen übrig ließen, und über immer weniger Kollegen, die ihr Geschäft noch nachfolgenden Generationen übergeben könnten. Man hätte doch schon alles versucht. Radio und Anzeigenwerbung in der Zeitung, alles sehr teuer. Außerdem machten ja nicht alle Kollegen mit. Es gäbe zu viele Trittbrettfahrer und überhaupt, es seien immer die selben. Das hörte sich nicht gut an. Ich war eigentlich mit meinem Marktgeschäft zufrieden. Natürlich kann es immer etwas mehr sein. Der Samstag ist sicher klar besser als der Mittwoch, aber das ist schon seit Jahren so. Früher, als zum Familienunterhalt nur einer in Lohn und Brot stand, da fand man auch die junge Hausfrau Mittwochs auf dem Wochenmarkt.

Und bevor der Kühlschrank erfunden wurde, waren drei Markttage gut besucht. Das ist lange her und kommt auch nicht wieder. Es hilft nichts, die Markthändler müssen sich darauf einstellen und überlegen, was man machen kann, um den Markt attraktiv zu erhalten. Ein weiteres Problem ist die Solidarität untereinander. Oft gönnt der eine dem anderen nicht das schwarze unter den Fingernägeln. Diese Haltung ist tief verwurzelt. Eines ist völlig klar, ohne die anderen Händler geht gar nichts. Markt ist und bleibt immer ein Zusammenspiel verschiedener Branchen.

Was muss man tun, um den Wochenmarkt im Gespräch zu halten? Das Wort hat ein gutes Image. Discounter und

Werbefuzzis bemühen oft das Wort „Markt", um den Charakter einer Aktion oder einer Atmosphäre einzufangen. Wir sind Markt und kein anderer. Das ist die alles bestimmende Botschaft. Wir vereinen alles, was Markt ausmacht. NUR WIR. Aber was tun wir? Wir erstarren und beklagen Verluste und warten darauf, bis keiner mehr kommt. Händler warten ab, bis auf dem Markt nichts mehr läuft und wandern ab zum nächsten Markt, wo das gleiche Spiel von neuem beginnt. Markt lebt von Atmosphäre, die es zu erhalten gilt. Geboten ist ein ausgewogener Mix. Wenn Menschen nicht mehr zu uns kommen, liegt es an uns, wir sind nicht mehr attraktiv genug. Wir haben so viel Potential, so viel Möglichkeiten, Menschen zu erreichen. Aufmerksamkeit zu erreichen ist die Grundlage und das Ziel einer jeden Werbung. Wie schwer das heute in den Zeiten von Reizüberflutungen ist, davon können Werbestrategen ein Lied singen. Trotzdem gelingt es hier und da, tolle Kampagnen zu fahren, die hohe Aufmerksamkeit erzeugen. Solche Kampagnen sind sehr teuer und für die Märkte nicht erschwinglich. Es muss etwas einfaches sein, weil auch der Markt einfach ist. Er ist die Grundform der Beschaffung von Lebensmitteln und Waren aller Art.

Also konzentrieren wir uns doch auf einfache Aktionen. Singen, Lesen, Erklären und Kochen sind solch einfache Aktionen. Sie schaffen Aufmerksamkeit und vermitteln ein Gemeinschaftsgefühl bei den Besuchern. Warum sollten sich die Menschen diesen Mehrwert entgehen lassen? Bei Aldi und Lidl haben sie das nicht und werden deshalb zu uns kommen in dieser immer digitaler werdenden Welt. Bald wird man nicht mal mehr mit der Kassiererin ein Wort wechseln können, weil Scannersysteme sie überflüssig machen werden. Wir auf dem

Markt bleiben authentisch und echt, ohne Schlips und Kragen und immer geradeaus, mit der guten, angemackten Metallkassette als schnelle Kasse. Unsere Märkte gehen kaputt, wenn wir diese, unsere Stärken nicht ausspielen. Sätze wie: „Das funktioniert schon 50 Jahre und auch noch 50 Jahre!" sind wie schleichendes Gift bei vielen meiner Kollegen. Leider wirkt dieses Gift immer noch bei vielen meiner Kollegen und führt zu Umsatzrückgang, Neid, Egoismus und Existenzangst. Man bekommt Angst vor Mitbewerbern, die einem das Leben noch schwerer machen könnten. Dass man solche Dinge auch positiv angehen könnte, daran denken die wenigsten meiner Kollegen. Ein toller neuer Fischstand, ein spezieller Metzger, ein kreativer Blumenstand, oder auch ein schön gestalteter Obst- und Gemüsestand wertet den Markt auf und zieht die Leute an. Wo Leute sind, kommen mehr Menschen hinzu. Diese müssen durch das Angebot und die Attraktionen, die der Markt bietet, gebunden werden. Das ist die ganze Kunst. Dann ist der Markt auf der Gewinnerstraße und kann sein ganzes Potential ausspielen. Dass das alles keine Theorie sein muss, haben wir auf dem Rüttenscheider Markt bewiesen. Irgendwann fing alles ganz harmlos an.

Ich wäre ja schließlich Marketingpreisträger und sollte mir mal was für den Markt überlegen, nur Geld kosten durfte es nicht. Na toll, jetzt stand ich da. Das war ja mal ein toller Auftrag, der mir da gestellt war. Vielleicht gab es ja doch etwas, was man machen kann, um Aufmerksamkeit zu bekommen. Also schaute ich in die Historie. Wie sah der Markt in seinen frühesten Zeiten aus? Es gab Gaukler, Diebe, Schnellgerichte, die Nachrichtenbörse und natürlich die Gerüchteküche. Nur wenig Menschen waren der

Schrift mächtig und so wurden die Nachrichten oftmals auch von Sängern gesungen, um sie ans Ohr der Marktbesucher zu bringen.

In meiner Freizeit sang ich unter anderem in dem Chor des Altenheimes, in dem meine hoch betagte Mutter wohnte. Wir sangen dort Lieder, altes Liedgut, was ich noch aus meiner Schulzeit kannte. Auf großen DIN-A4-Blättern war da in großer Schrift der Text abgedruckt. Das war es. Eine Stimme hat jeder dabei. Ich brauchte nur die Texte zu kopieren und es konnte losgehen. Ganz so einfach war es dann doch nicht und es brauchte einige Zeit der Vorbereitung. Wir standen vor dem 2. Advent, also eine Zeit, in der sowieso viel gesungen wird. Ich brauchte aber noch ein Ritual, ein Lied, mit dem sich die Region identifiziert. Da fiel mir sofort das Steigerlied ein, was ich so gern hörte. Es hing in einer Version schon lange über meinem Schreibtisch. Auf Kohle geboren. Ohne die Kohle wäre nichts, dass vergessen die jungen Leute hier. Der Bergbau war es, der das Nachkriegsdeutschland wieder nach oben gebracht hat. Gern wird das in anderen Bundesländern vergessen. Bayern wäre heute noch ein Bergbauernstaat.

Das Steigerlied passte genau. Dieses Lied aus tausend Kehlen. Damals dachte ich nicht an Schalke, weil ich auch kein Fan war. Sieben Strophen kopierte ich und bewaffnete mich mit zwei weiteren Zetteln, auf denen Adventslieder abgedruckt waren. Jetzt fehlte mir nur noch ein Ort. Wo sollten sich die Leute zum singen Treffen? Am besten doch im Mittelgang. Mein Händlerfreund Kobold Meyer – Kobold deshalb, weil er von Vorwerk Staubsauger, Beutel und Zubehör verkaufte und neben mir seinen Stand aufbaute. Er fand die Idee riesig. Er wollte auf jeden

Fall mitmachen. Andere fanden die Idee völlig daneben, weil sie nicht funktionieren würde. Ich war zu dem Zeitpunkt selbstbewusst genug und mit etwas Stimme gesegnet. Also war ich gespannt, ob es klappt.

Der Samstag kam näher und die Spannung stieg. Um 12 Uhr, wenn der Markt am vollsten war, sollte es losgehen. Ich hatte die ganze Aktion bei Facebook angekündigt, in der Hoffnung, es würde jemand lesen, gutfinden und kommen. Doch Fehlanzeige, kein Sänger weit und breit. Ich musste es machen. Zwei Minuten vor zwölf stand ich mit meinen Steigerliedblättern in der Mitte des Marktes und legte los. Es sollte der Startschuss zu einer unvergleichlichen Aktion werden, um die uns andere Städte beneiden. Die ersten Noten waren gesungen, schon gesellten sich weitere Mutige in die Mitte des Marktes und sangen mit. Nach den sieben Strophen waren wir ungefähr 20 Menschen, die mitsangen. Jetzt kamen die Adventslieder, alle wohlbekannt und auch ohne Text gut zu singen. In den abzweigenden Gängen sah ich viele, die für sich sangen und sich noch nicht trauten, in die Mitte zu kommen. Das erste Marktsingen beendeten wir mit 30 Leuten und verständigten uns auf die darauf folgende Woche, den 3. Advent. Alle wollten wiederkommen.

Meine Stimme war angeschlagen, als ich zu meinem Stand zurückkehrte. Auf die Dauer, wäre eine kleine Anlage zur Verstärkung doch besser. Für wenig Geld erstand ich eine im Internet, die ich dann beim nächsten Mal mitbrachte. Später erwies sie sich doch als zu klein. Am nächsten Samstag war ich ganz gespannt, ob denn auch alle Besucher vom letzten Mal wiederkamen. Es waren sogar noch mehr, die zunächst vorsichtig, dann aber kräftig mitsangen. Es bildete sich ein treuer

Stamm fleißiger Sängerinnen und Sänger heraus, die ich jede Woche begrüßen durfte. Singen ist etwas Gemeinschaftsstiftendes und das kommt an. Es lag nun an mir, das Thema auszubauen. Mir kam die Idee, Prominente einzuladen, die in Essen wohnen oder arbeiten. Es sollten lokale Größen aus allen Lebensbereichen sein. Der erste, der mir einfiel, war unser Oberbürgermeister Thomas Kufen. Er sagte bereitwillig zu und jetzt wurde auch die Presse aufmerksam und kündigte ihr Kommen an.

Mir fehlte noch etwas Pfiff. Ich hatte schon Buttons machen lassen. Richtig schick, mit dem Rüttenscheider Logo. Außerdem stand noch „Marktsingen" darauf. Wir verkaufen sie für einen Euro, um so unsere Ausgaben zu decken. Ich habe ja nicht oft „Zimmer frei" im Fernsehen geschaut, aber da konnte ich mir doch etwas abschauen. Ich lasse einfach die Leute abstimmen, ob der Prominente in den erlauchten Kreis der „Vorsänger des Marktes Rüttenscheid" aufgenommen wird. Aktion beim Publikum, freudige Reaktion beim Prommi, so ist es recht. Der 4. 2. rückte näher und mein erster Prommi kam aus der Politik. Unseren OB Kufen brauchte ich nicht groß vorzustellen.

Ich stellte einige unverfängliche Fragen zwischen den Liedern, denn das gefiel dem OB und auch den Menschen. Ich hatte mir ein Chronikbuch zugelegt und Bilder vom OB hineingeklebt. Es wurden immer auch die Lieder, die gesungen wurden eingetragen, so konnte ich es vermeiden, Lieder doppelt zu singen. Nachdem die Veranstaltung zur vollsten Zufriedenheit aller beendet war trug sich Herr Kufen als erster Gast ins Chronikbuch mit einem netten Spruch ein. Das gibt es nur in Rüttenscheid, schrieb er und lobte die Veranstaltung, die den

Gemeinsinn förderte. In der Folgezeit sollten sich noch viele Ehrengäste ins Buch eintragen. Menschen, die Menschen bewegen, war mein Motto bei der Auswahl der Ehrengäste. Otto Rehagel, der Meistertrainer und der Herr Ministerpräsident Armin Laschet forderten das Organisationstalent sicher am meisten.

Otto Rehagel

Otto Rehagel, einer der bekanntesten Trainer der Fußballwelt und Essener, der bei TuS Helene und Rot Weiss Essen groß wurde, war ein Traumgast von mir. Alle sagten: den kriegst du nicht. Bei einer Bolzplatzeinweihung spielte ich mit Hilfe von Michael Welling, dem Rot-Weiss-Präsidenten, Otto einen Umschlag mit einer höflichen Einladung zum Marktsingen zu. Sieben Tage hat es gedauert bis mein Handy klingelte. Eine Nummer, sie sagte mir nichts über den Anrufer aus. Ich meldete mich und am anderen Ende war Otto Rehagel höchstpersönlich. Was das denn nun wieder wäre, wollte er wissen. Ich erklärte ihm das Format und grundsätzlich wollte er wohl mitmachen. Schwierig wurde es mit dem Termin, aber auch das konnten wir klären. Er legte großen Wert darauf, mich vorher persönlich kennenlernen zu wollen.

Er wollte genau wissen was auf dem Markt mit ihm geschieht. Wir verabredeten uns in seinem Lieblingscafe auf der Rüttenscheider Straße. Als ich vor dem Café Kötter stand, konnte ich gar nicht glauben, gleich eine Verabredung mit König Otto, wie viele ihn nannten, zu haben. Pünktlich um 15 Uhr erschien er. Es war ein schöner, aber windiger Tag und wir begrüßten uns und nahmen an seinem Lieblingstisch Platz. Es dauerte nicht lange, da kamen Fans aus Israel, die ihn erkannt hatten, ins Café, um sich ein Autogramm zu holen. Dass Menschen aus Israel ihn in Rüttenscheid erkannt hatten schmeichelte ihm sichtlich.

Der Israeli unterhielt sich mit dem Otto eine ganze Weile über sein schönes Land und fragte anschließend ob ich denn auch ein berühmter Fußballer sei. Die Frage konnte ich getrost verneinen. Der Fan bedankte sich und zog von dannen. Otto war halt in der ganzen Welt bekannt. Es war ein kurzweiliger Nachmittag voller Anekdoten, die allein ein ganzes Buch füllen würden. Nach zwei Stunden klingelten fast zeitgleich unsere Handys. Es waren unsere Frauen, die wissen wollten wo wir bleiben. Dabei hätten wir noch Stunden über Fußball reden können. Nachdem wir die Liedauswahl getroffen hatten, verabschiedeten wir uns.

Jetzt war es an mir, das Fass so richtig aufzumachen. Die Presse musste benachrichtigt werde und brachte dann auch einen großen Vorbericht unter der Überschrift „König Otto singt beim Marktsingen in Rüttenscheid". Einen Tag vorher rief er mich nochmal an und änderte die Liedauswahl wie ein Trainer seine Aufstellung. Schnell verständigte ich unseren Kopierer Patrick, nochmal andere Texte zu drucken. Samstag um 11 Uhr kamen die ersten Fans. Zusätzlich hatte ich noch die Damenmannschaft von Rot Weiss Essen eingeladen, die auch zahlreich in kurzen Hosen erschien. Meine Enkelin war auch darunter mit Ihren 17 Jahren. Mit Otto in der Mitte würde das ein lohnendes Bild für die Presse abgeben. Es wurde voller und voller. So viele Menschen hat der Rüttenscheider Markt wahrscheinlich noch nie gesehen. Das Wetter spielte auch mit, die Sonne schien vom Himmel und es konnte nicht schöner sein. Um viertel vor Zwölf kam Otto. Er musste durch den Taschenstand an der Rückseite meines Standes an seinen Platz geleitet werden, so voll war es.

Otto genoss sichtlich das Bad in der Menge. Pünktlich um 12 Uhr sangen wir gemeinsam das Steigerlied und zwischen den Interviews die Volkslieder, die er sich gewünscht hatte. Es machte ihm richtig Spaß. Nun kann man einen solchen Promi nach einer

Viertelstunde nicht wieder gehen lassen. Ich hatte die Idee, ihn eine Szene aus Kaiserslauterer Tagen nachspielen zu lassen. Dort hatte er auf dem Balkon des Rathauses das Lied „So ein Tag, so wunderschön wie Heute" angestimmt. Ich stellte ihn also auf eine umgedrehte Metzgerkiste, er schmetterte das Lied und alle sangen mit. Das war mal ein gelungenes Finale. Dass er zum Vorsänger des Marktes gewählt wurde, brauche ich nicht weiter zu erwähnen. Er trug sich ins Chronikbuch ein und die Presse machte ihre Fotos, gemeinsam mit den Damen von Rot Weiss. Alles ist optimal gelaufen. Als wir uns verabschiedeten, sagte er mir, wenn ich mal wieder was hätte, sollte ich mich melden. Es hätte Ihm großen Spaß gemacht. Außerdem hätte er noch ein paar Bekannte aus alten Zeiten getroffen. Nach diesem Besuch war der Rü-Markt in aller Munde.

Beim Marktsingen: Otto Rehagel

Ministerpräsident Laschet

Der Zufall wollte es, dass eines Donnerstags des Wahlkampfes in NRW Oberbürgermeister Kufen einen neuen Markt am Weberplatz in Essen einweihte. Er hatte den Kandidaten der CDU, Herrn Laschet, mitgebracht. Nach Ende seiner Rede, wollte er Herrn Laschet noch einen verrückten Markthändler vorstellen, der auf dem Rüttenscheider Markt ein Marktsingen veranstaltet. Wir begrüßten uns und Herr Laschet äußerte, ganz im Wahlkampfmodus, den Wunsch mal mitsingen zu dürfen.

Leider musste ich ihm absagen, da er kein Essener, sondern Aachener war. Sein Vater wäre aber Steiger gewesen. Das veränderte die Situation. Er überreichte mir seine Visitenkarte und versprach zu kommen, egal wie die Wahl ausgehen würde. Tatsächlich gewann er die Wahl und wir sollten einen Ministerpräsidenten zum Marktsingen empfangen können. Durch die komplizierte Regierungsbildung in Berlin und Düsseldorf dauerte es ein ganzes Jahr, bis die Staatskanzlei einen Termin festlegen konnte.

Zwischendurch bekam ich ein Schreiben von ihm, dass er mich nicht vergessen hätte und wenn alles in trockenen Tüchern wäre, würde er gerne kommen. Und er kam. Ein großer Auflauf bei gutem Wetter. Bestens angekündigt von der lokalen Presse, fuhren drei schwarze Limousinen vor. Aus zweien sprangen Securityleute heraus und sicherten das Gelände, auf dem sich schon seit einer Stunde Polizisten in Zivil aufhielten. Es gab im Vorfeld schon Gespräche mit mir über Ort und Dauer der Aktion.

Die Lage wurde beurteilt und routiniert machte das Sicherungspersonal seine Arbeit.

Aus dem dritten Fahrzeug stieg der Ministerpräsident, der er ja jetzt war und begrüßte mich herzlich. Wir fanden unsere Plätze und legten nach kurzem Interview mit dem Steigerlied los. Unser OB Kufen ist auch gekommen, was mich sehr gefreut hat. Nach zwei weiteren Liedern, unzähligen Autogrammen und Selfies trug er sich ins Chronikbuch des Marktsingens ein und der Button wurde ihm ans Revers gesteckt. Anschließend bahnten ihm die Sicherheitsleute gekonnt den Weg und alle Limousinen rauschten wieder ab. Es war ein echtes Highlight. Am nächsten Tag lobte die Presse seine Volksnähe und Verbundenheit zum Revier. Groß mit Bildern und Text hatte es der Markt wieder geschafft.

Von vielen unbemerkt hatten wir noch etwas anderes geschafft, was uns noch zu Gute kommen sollte. Ich stellte ihm die Frage, ob der Wochenmarkt denn schützenswertes Kulturgut sei? Er bejahte eindeutig. Wumms, das hatte gesessen. Nun stehen wir als Wochenmarkt neben Fußball, Oper und Theater sowie Museen in einer Reihe mit anderen schützenswerten Kulturgütern. Der einzige Unterschied ist: wir haben mehr Besucher. Das sollte uns stolz und gleichzeitig selbstbewusster in Verhandlungen mit der Stadt und Betreibern gehen lassen. Mittlerweile wurde der Rüttenscheider Markt zum Vorbild für Essens Märkte erhoben. Gleichmacherei ist nun Geschichte. Der Meinung ist jetzt auch unser Oberbürgermeister Kufen.

Beim Marksingen: Ministerpräsident Armin Laschet und Oberbürgermeister Thomas Kufen

Beim Marktsingen: Stefan Stoppok

Stefan Stoppok

Stefan ist eine Ikone der deutschen Musik. Nie hat er, wie viele andere, nur seine Karriere im Blick. Seine, wie er selbst mal sagte, Anti-Hits machten ihn bekannt und vor allem authentisch. Obwohl er von Funk und Fernsehen geschnitten wurde, hat er bis zum heutigen Tag mit seinen CDs großen Erfolg. Gerne erinnere ich mich an sein Lied „Wie tief kann man sehen". Dieses Lied half mir oft über Liebeskummer hinweg. Er erfüllte mir den Wunsch, es mit ihm auf dem Markt zu singen. Natürlich sang der Marktchor seine Version des Steigerliedes mit Gitarrenbegleitung. Erst vor Kurzem hatte er eine eigene Version des Steigerliedes aufgenommen. Es war schön rockig und bluesig. Durch die hohe Medienaufmerksamkeit und großer Vorankündigung waren viele Fans von Stefan in Tour-T-Shirts angereist. Einige fragten, ob sie denn hier auf dem Marktplatz an der richtigen Stelle wären.

Stefan kam pünktlich und mischte den Markt ordentlich auf. Viele seiner Fans schien er gut zu kennen und verabredete sich mit ihnen zum anschließenden Kaffee. Er hat nur einen Steinwurf entfernt von hier gewohnt. Der Rü-Markt war ihm sehr vertraut. So wurde die Aktion zum Heimspiel, die Menschen aus nah und fern angelockte. Dass es so viele waren, hätte ich nicht gedacht. Der Verkauf kam zwar für die Zeit zum erliegen, aber wir hatten Aufmerksamkeit von allen Medien und jede Menge Menschen auf dem Markt, die den Weg dahin, schon lange nicht mehr gefunden haben. Darauf kam es an. Selfies und Autogramme wurden bereitwillig verteilt.

Rudi Löffelsend

Auch aus dem sozialen Bereich haben wir Leute eingeladen. Der ehemalige Auslandsreferent und Pressesprecher der Caritas Rudi Löffelsend durfte da natürlich nicht in der langen Liste fehlen. Jemand, der auch im verborgenen viel Gutes tut und über ein großes Netzwerk verfügt. Genau ihm, dachte ich mir, machst du mal eine besondere Freude. Die Funke-Mediengruppe stellte uns 150 CDs von Stefan Stoppok zum Selbstkostenpreis zur Verfügung. Sie verkaufte sich prächtig. Letztlich waren über 700 € für das rumänische Kinderheim, das Rudi seit vielen Jahren unterstützt, übrig geblieben. Ein schöner Batzen Geld. Natürlich stemmt man das Marktsingen nicht alleine. Im Hintergrund leisten viele Leute wichtige Arbeit. Ohne die Kopierarbeit von Patrick Kittel, das Verteilen der Texte durch Reimer Geers, die Technik von Bernhard Warmeling und die Assistenz von Kobold Thomas Meyer wäre das Marktsingen nicht denkbar.

Vorlesen

Nach einiger Zeit fiel mir auf, dass Kinder, die noch nicht lesen konnten, nicht so recht wussten, was sie machen sollten. Da entwickelte ich ein Konzept für Kinder, die mit Ihren Eltern den Markt besuchen. Es sollte eine Vorleseaktion sein. Für Kinder gibt es nichts schöneres als Vorlesen. Märchen oder spannende Kurzgeschichten sollten es sein. Nicht länger als 15 Minuten. Auf dem Marktplatz steht ein schöner Marktbrunnen, den wir kurzerhand zum Märchenbrunnen machten. Kleiner Aufwand, große Wirkung. Ein schöner Stuhl mit Armlehnen musste her für den Vorleser und Bänke für die Kinder. Dann noch eine kleine Anlage zur Unterstützung der Stimme, damit man auch hört, was gelesen wird.

Ganz schnell fand ich Erwachsene, die mitmachen wollten. Heute gibt es schon so etwas wie eine Warteliste für Lesepaten. Schön, dass sich die Paten selbst organisieren, so habe ich nicht die geringste Arbeit damit. Viele der Lesepaten bringen schon Erfahrung aus Kitas und Schulen mit wo sie ehrenamtlich arbeiten. Unsere Märchenstunde beginnt um 11:30 Uhr am Marktbrunnen. Bei schlechtem Wetter dürfen wir unters Zelt der Familie Kühn, die dort Obstsäfte verkauft.

Kinder reagieren ganz spontan. Ist die Geschichte spannend und hat schöne Bilder, sitzen sie schnell mal der Vorleserin auf dem Schoß. Ach, hier werden wir dazu kommen, dass sich Kinderbuchautoren mal mit ihren Büchern vorstellen können. Es hat sich eine schöne Gemeinschaft entwickelt unter den Lesepaten. Man trifft sich zum Kaffee und bespricht, was man noch besser machen kann. So soll es sein. Im Anschluss beginnt das Marktsingen, das den Event-Markt Rüttenscheid beschließt.

Nun hat alles keinen Selbstzweck. Diese Aktionen sollen den Markt beleben, ihn ins Gespräch bringen und weiter im Stadtteil verankern. Der Schulterschluss zur Interessengemeinschaft Rüttenscheid ist vollzogen und der Markt in der Mitte der Gesellschaft angekommen, da wo er meiner Meinung nach auch hingehört. Besondere Aufmerksamkeit wird durch die wöchentliche Ankündigung in der Presse erreicht. Ich bin gespannt, wie es mit dem Markttreiben in Rüttenscheid weitergeht. Der Wochenmarkt muss auch einem ständigen Wechsel unterliegen. Seine Anziehungskraft wird er nicht verlieren, wenn Politik, Händler und nicht zuletzt der Kunde die Voraussetzungen schafft, dass sich junge Menschen mit neuen Ideen für eine Berufslaufbahn als Händler entscheiden. Ständige Präsenz in den Medien ist ein wichtiger Faktor. Hier werden wir geradezu herausragend unterstützt.

Nachmittagsmärkte

Groß in Mode gekommen sind die sogenannten Nachmittagsmärkte, die in den meisten Fällen mit einem Wochenmarkt nicht zu vergleichen sind. Hier treffen sich Leute nach der Arbeit auf ein oder zwei Glas Wein und kaufen ganz zum Schluss vielleicht die eine oder andere Kleinigkeit ein. Typische Wochenmarktstände sind oft nur Dekoration. Meiner Meinung schaffen es nur sehr gut geführte Märkte, die meist privat organisiert sind. Das Problem ist der Verkauf von Alkohol. Wenn ich als Bäcker Wein verkaufen muss, um den Nachmittag profitabel zu halten, dann bin ich nicht dabei. Das ist nicht meine Kernkompetenz. Gerne beteilige ich mich an Nachmittagsmärkten, die sozial kritische Stadtteile unter Mithilfe von vielen kreativen Aktionen von ansässigen Vereinen zu einem bunten Miteinander werden lassen. Bürgerliche Präsenz in diesem Problemvierteln ist in der Lage, Clanstrukturen zu verdrängen. Davon bin ich überzeugt. Soviel zunächst vom Marktleben.

Nachfolge

Alle Arbeit im Betrieb war schon auf die nächste Generation ausgerichtet, da eröffnete mir meine Tochter Kristina von ihrem ursprünglichen Plan, den Betrieb zu übernehmen, abweichen zu wollen. Da hab ich natürlich geschluckt, aber Vorwürfe und Überredungskünste vermieden. Sie fand die Fußstapfen zu groß und hatte Angst, es nicht schaffen zu können. Ihr Lebensplan ist ein anderer und es ist gut, das in einem noch so frühen Stadium zu erfahren. So bleibt Zeit für die Nachfolge. Es besteht kein Druck und eigentlich bin ich ein Stück weit erleichtert. Es ist ein langer und zäher Weg voller Entbehrungen zum Erfolg. Das muss man sich nicht antun, wenn es auch anders geht. Ihre Kinder, zwei reizende Mädels, sind groß und sie kann sich so langsam auf sich konzentrieren.

Sie ist eine begnadete Fachfrau und wird ihren Weg machen. Ich bin nicht traurig wenn die Ära Welp nach 109 Jahren zu Ende geht. Die fast 30 Jahre, die ich den Betrieb führen durfte, war eine außergewöhnlich schöne Zeit mit Höhen und Tiefen. In Erinnerung werden die Höhen bleiben. Mein Trost ist, dass ich mit Abstand der erfolgreichste Bäcker der Dynastie der Bäcker war, die Welp heißen. Und das waren nicht wenige. Darauf bin ich stolz. Aber noch ist es nicht vorbei und es warten noch spannende Projekte auf mich.

Projekte

Eines meiner ersten Merchandising-Projekte realisierte ich mit meinem alten Schulfreund Christian Stratmann. Nachdem wir unsere Fachoberschule absolviert hatten, ist unser Kontakt abgerissen. Erst zwei Jahrzehnte später sah ich zufällig ein Foto in der Zeitung, unter dem der Name Christian Stratmann stand. Der Typ auf dem Foto kam mir bekannt vor, und ich nahm mir vor, in dem Theater anzurufen, über das der Artikel handelte. Das Theater befand sich im ehemaligen Amerikahaus, was später Europahaus hieß. Sein Bruder Ludger feierte dort Erfolge mit einem medizinischem Kabarett. Er kümmerte sich um alles andere und hatte den Kauf und Umbau der Lokalität mitfinanziert. Also griff ich zum Hörer und rief im Sekretariat an. Herr Christian Stratmann war nicht zu sprechen, ob er denn zurückrufen solle? Ich bejahe und wenig später klingelte das Telefon in der Bäckerei.

Ja, es war seine Stimme, die da aus dem Hörer kam, ich hatte sie noch gut in Erinnerung. Aber vor allem sein besonderer Humor, der immer allgegenwärtig zu sein schien, war für mich eindeutig der meines Klassenkameraden. Ich müsste unbedingt das Theater besuchen. Er würde mir alles zeigen und überhaupt er sei froh mal wieder mit ganz normalen Menschen zu sprechen und nicht nur mit Künstlern und Schauspielern. Wir verabredeten uns, denn es gab viel zu erzählen. Auf der Terrasse erzählte er mir von seinem nicht gerade zielgerichteten Studium in Duisburg und seiner Tätigkeit als Ausfahrer des Lesezirkels, dessen Zeitschriften besonders bei Ärzten auslagen. Aus dem Fahrer wurde nach der Wende bald der Mann, der den Lesezirkel im Osten der Republik aufbauen sollte. Schnell haben die Verantwortlichen erkannt, dass dieser Fahrer auch zu mehr zu gebrauchen war. Er machte Karriere und verdiente viel Geld, die er in das Theater steckte.

Die Schwierigkeiten, die die Stratmanns mit der Stadt hatten, um das Theater zu gestalten, würden Ordner füllen. Das größte Problem war wohl ein Abluftrohr aus der Tiefgarage des Kennedyplatzes, welches mitten im Zuschauerraum stand. Alle Probleme wurden gelöst und heute steht das Stratmanns auf sicheren Füßen.

Später verwirklichte Christian sich den Traum eines eigenen Theaters. Der alte Saalbau in Wanne-Eickel sollte es sein. Er stand zehn Jahre leer und war genau das, was er suchte. Heute gibt es neben dem Mondpalast noch das Revue-Theater in Herten auf dem Gelände der Zeche Ewald. Hier wird Travestie vom Feinsten geboten. Ich freue mich für ihn, dass alles so erfolgreich abging.

Eines Tages besuchte er mich an meinem Marktstand in Rüttenscheid. Mittlerweile war er ganz in die Nähe gezogen und wir sahen uns jetzt öfter. Er suchte einen Artikel zum Essen für seinen Mondpalast. Zum Trinken hatte er seinen „Flächenbrand". Das war ein Schnapsfläschchen mit hochprozentigem Inhalt. Er dachte an ein Brot oder, oder, oder ... Für mich kamen nur meine Amaretti in Frage – eine Box mit vier Stück in verschiedenen Sorten. Christian gefiel die Idee und es wurde eine Box kreiert mit unseren Köpfen nebst Geschichte einer alten Freundschaft. Es wurde ein Name gefunden. Mondpalätzchen sollten sie heißen und Christian ließ den Namen sogar schützen.

Die Presse berichtete halbseitig über die Geschichte eines Bäckers und eines Prinzipals und Theatermachers. Nun kann jeder der will, eine süße Erinnerung an einen schönen Theaterabend mit nach Hause nehmen. Ein gutes Beispiel für gelungenes Mechandising.

Gebäck der grünen Hauptstadt

Die Stadt Essen, meine Heimatstadt, wurde zur Grünen Hauptstadt Europas 2017 gewählt. Die Jury würdigte den Strukturwandel von der Kohlestadt zur „grünsten Stadt in Nordrhein-Westfalen". Viele Events und nachhaltige Veränderungen prägte die Stadt in diesem Jahr. Den Verantwortlichen gebührt der Dank in besonderer Weise. Essen ist immer etwas zurückhaltend, wenn es ums eigene Selbstbewusstsein geht. Die Auszeichnung hätte nach dem Kulturhauptstadtjahr ein weiterer Grund sein können, diese Haltung aufzugeben. Vielleicht gelingt es ja auch noch, mal sehen. Dr. Düdden, Chef der Wirtschaftsförderung in Essen, lernte über Umwege meine Bio-Amaretti kennen. Ein Mitarbeiter hatte sie bei mir erworben und mit ihm geteilt. Am nächsten Tag bekam ich eine Mail mit der Bitte ihn in seinem Büro zu besuchen. Gesagt – getan. Vor mir stand ein stattlicher Mann, in dem ich sofort einen Macher erkannte. Ihm gefielen die Amaretti so gut, dass er diese zum Gebäck der grünen Hauptstadt machen wollte. Designer setzten sich ans Werk und es entstand ein schicker Flyer mit Logo der grünen Hauptstadt und dem Essener Stadtwappen, schön verpackt in eine eigens gestalteten Holzschachtel.

Das war nun das Mitbringsel der Vertreter der Stadt in alle Welt. Ich war mächtig stolz über Fotos aus aller Welt bis nach China. Das war ein Volltreffer. Grüne Hauptstadt bleibt man ewig, nicht nur 2017.

Rot Weiss Essen und die Essener Chancen

Oft besuchte ich in den 70er Jahren das Georg-Melchers Stadion. Es war die große Zeit von Rot Weiss Essen. Zu Bundesligazeiten gingen Namen wie Lippens, Littek, Weinberg Führhoff, Frankowski und später dann Hrubesch, Neues, Gecks oder andere mir sehr leicht von den Lippen. Nicht selten waren 30.000 Zuschauer und mehr im Stadion. Die gefürchtete Westkurve gab den Gegnern oft den Rest. Wie ein Mann stand die Kurve hinter dem RWE. Auf jedes Heimspiel habe ich mich gefreut und für den Eintritt gespart. Es war eine tolle Zeit für Spieler und Fans. Vor allem wollte ich etwas zurückgeben. Da ich einen gute Kontakt zu Michael Welling, dem damaligen Präsidenten von RWE, hatte, kam mir die Idee etwas für den Club zu tun. Mittlerweile viertklassig, aber mit tollen Fans im Rücken wurde das Stadion immer noch mit 8.000-10.000 Zuschauern gefüllt. Das alte Stadion war Geschichte. Eine schmucke Arena steht Rot Weiss zur Verfügung. Meine Idee war mit Hilfe von RWE die Essener Chancen zu unterstützen. Ein großer Teil des Erlöses sollte den Chancen zur Verfügung gestellt werden. Die Essener Chancen e. V. beschäftigen sich mit Bildungsangeboten für benachteiligte Jugendliche im Essener Norden.

Da die Schere zwischen dem Norden und dem Süden immer größer wird, finde ich das Geld gut angelegt. Leider taten sich die Marketingabteilung und der Vorstand von RWE sehr schwer. Heutzutage ist ein soziales Projekt für einen Verein in der Liga schon wichtig, um weitere Sponsoren anzulocken. Leider wurde das nicht so verstanden. Also nahm ich es selbst in die Hand. Was ich will, das will ich und wird auch umgesetzt. Ich nahm Kontakt mit dem Geschäftsführer der Chancen auf und erklärte ihm meinen Plan. In ihm fand ich jemanden, der zuhören konnte und meine Idee weitersponn. Er wollte sich um das Design kümmern. Es dauerte dann doch noch Monate, bis alles realisiert war.

Rot Weiss war nicht mehr im Boot und nur noch mit einem kleinen Logo vertreten. Wenn unsere Box ein Erfolg wird, kommt RWE von ganz alleine, um ein Stück vom Kuchen zu naschen. Die Produktion der Boxen lief besser als erhofft und vor allen Dingen schneller als erwartet. Die Firma Egger bekam einen Auftrag von 6700 Boxen für 2000 Euro. Netterweise spendeten sie zusätzlich noch 300 Stück, so dass wir 7000 Stück zur Verfügung haben. Schön sind sie und bringen den Essener Chancen 14000 Euro. Eine schöne Stange Geld, wie ich meine. Ich war mit meinem Plan sehr zufrieden.

Der Moerser Markt ließ mich einen besonderen Mann kennenlernen, dessen Name ungenannt bleiben möchte. Ich erzählte bereits von ihm, der mich auch in geschäftlichen Fragen hier und da berät. Ihm erzählte ich von der sozialen Idee mit den Essener Chancen. Bildung ist der Schlüssel, um auch solche Kinder in gutes Fahrwasser zu bringen. Ich hatte die Idee, eine 100-Gramm-Box zu entwerfen und sie für 5 Euro zu verkaufen. 2 Euro davon sollten für die Essener Chancen für ihre Aktion „Herzenswünsche" zur Verfügung gestellt werden.

Ich möchte die Aktion breit aufstellen. Also werden 6000 Boxen gebraucht. Diese Boxen kosten viel Geld. Da kam mein Bekannter aus Moers ins Spiel. Er erklärte sich gegen Spendenquittung sofort bereit, 2000 Euro für die Boxen zu spenden. Das hat ihm bestimmt seine verstorbene Frau ins Ohr geflüstert. Sie sitzt sicher auf einer Wolke und beobachtet, was wir so machen. Das war ein großer Schritt für die Verwirklichung der Pläne. Tani Capitain, der Geschäftsführer des Vereins, war von der Idee begeistert. Also lass ich meine Kontakte zu den Geschäftsleuten für den guten Zweck mal spielen. Was dabei dann herauskommt, werde ich wohl erst im nächsten Buch berichten können.

Besuch im Hotel Handelshof

Unser Marketingclub hatte eingeladen. Ein Vortrag eines Start-up-Unternehmens sollte es sein. Es ging im weitesten Sinne um Amateurfußball und das weckte bei mir das Interesse. Wie immer trafen wir uns eine Stunde vor Beginn der Veranstaltung zum get together. Das Teffen fand standesgemäß im Essener Handelshof statt. Dieses Hotel hatten mal die Eltern von Heinz Rühmann, dem berühmten Schauspieler vergangener Zeiten, geführt. Sein Konterfei war mehrfach an den Wänden verewigt. Vor dem Treffen wurde noch eine Hotelführung durch eine nette Angestellte der Hotelkette angeboten. Sachkundig führte sie uns durch die Doppel- und Einzelzimmer der verschiedenen Kategorien. Bereitwillig nannte sie auch die Übernachtungspreise, die schon mal in Messezeiten 300 Euro und mehr erreichten. Pro Nacht im Doppelzimmer versteht sich. Ich staunte über Komfort, das funktionale Design und die sicher sehr bequemen Betten, auf denen ein Werbeblatt in der Mitte und rechts und links davon eine – ich musste erst richtig hinsehen – Haribotüte Gummibärchen, 5×5 cm groß, lag. Über 300 Euro und eine Mini-Tüte Gummibärchen? Auf dem Wochenmarkt werden genau solche Tütchen beim Kauf von sechs Eiern den Kindern geschenkt. Sechs Eier kosten aber nur 1,80 Euro. Da ist aber noch sehr viel Luft nach oben, dachte ich mir. Im Geiste sah ich schon ein schönes Amarettitütchen von Welpino auf dem glattgestrichenen Oberbett liegen. Meine Gedanken wurden Worte und die nette Hotelführerin verwies mich an de Herrn Hoteldirektor, der ja gleich die Veranstaltung eröffnen würde. Ich sortierte schon mal die Visitenkarten, denn der Herr Direktor sollte doch eine mit meiner Handynummer bekommen.

Wenige Minuten hatten wir unsere Plätze im Vortragsraum eingenommen und der Hoteldirektor erschien. Es war ein großgewachsener Mann, modern gekleidet und mit einer ordentlichen Ausstrahlung, kurzum so wie man sich einen Hoteldirektor vorstellt. Er nannte seinen Namen und umriss die Geschichte des Hotels in knappen Sätzen, so das sich jeder ein Bild davon machen konnte, wie aufwendig der Umbau und die Renovierung eines solchen Hotels war, dass dazu noch unter Denkmalschutz stand.

Danach wollte er sich schon verabschieden, als ich ihn dann doch noch mit meiner Frage konfrontierte. Gerne wäre ich bereit, ihm dabei zu helfen, die Haribotüten aus den Zimmern zu verbannen, um edle Pasta di Mandorla von Welpino zu offerieren. Dazu brauchte man nicht mal den Zimmerpreis zu erhöhen. Bereitwillig griff er nach der Karte, die ich ihm hinhielt und versprach, sich die Sache mal anzuschauen. Am nächsten Tag schon leuchtete in meinem E-Mailfach das Logo des Hotels auf. Der Herr Direktor hatte angebissen und schlug ein Treffen vor.

Sehr gespannt war er auf das was ich ihm als Alternative zu den Haribotüten vorschlagen wolle. Schnell schrieb ich zurück und wir einigte uns auf einen Termin in der darauf folgenden Woche. Ich würde etwas leckeres zum Kaffee mitbringen und freute mich auf den Termin. Tastings sind meine Spezialität. Noch nie sind meine Gebäcke durchgefallen. Ob im Norden oder im Süden der Republik, alle staunten über Geschmack, Konsistenz und vor allem über die Vielseitigkeit des Produktes. Zu allen Anlässen der perfekte Begleiter. Pünktlich stand ich mit meinem Karton an der Rezeption, von wo ich ins Restaurant gebeten wurde. Ich nahm an einem Tisch platz und baute meine Kisten und Boxen auf.

Ein Tütchen entleerte ich auf dem Teller und teilte die Amaretti in Kostprobengröße. Dann erschien schon der Direktor, diesmal etwas salopper und ohne Krawatte und hieß mich herzlich willkommen. Er bestellte uns Cappuccino und wir plauderten über dies und das und über unsere Urlaube. Menschlich passte es ganz gut. Dann kamen wir zum Thema. Er folgte meiner Aufforderung zum Probieren und verdrehte die Augen. „Was ist das denn?" und er meinte das ganz positiv und voller Verzückung, als ob er nicht glauben wollte, was er gerade geschmeckt hatte. „Wahnsinn!" stammelte er mit vollem Mund. Es schüttete Komplimente. Dann kamen wir zu Preisvorstellungen, wo er deutlich reservierter reagierte. Er war Profi genug um zu erkennen, dass gute Produkte auch gutes Geld kosten.

Die Haribotüten werde ich nicht verdrängen können, aber für seine Stammgäste und VIPs wäre das ideal. Solche Gäste würden in der ganzen Welt mit einem üppigen Obstteller verwöhnt, den sie in schöner Regelmäßigkeit unberührt stehen lassen würden. Den Teller weg und dafür ein schönes Mix-Kästchen, damit könnte er bei den Gästen punkten. Das ließen sie bestimmt nicht liegen und es wäre etwas Besonderes. Schnell einigten wir uns und schon am nächsten Tag sollte ich 50 Boxen liefern. Auf seiner nächsten großen Versammlung der Direktoren würde er die Box vorstellen wollen. Sehr zufrieden trat ich den Heimweg an. Es ist immer eine besondere Spannung, die mich beschleicht bei der Frage: Was wird aus diesem Artikel einmal? Wird er noch erfolgreicher bei ausreichender Bewerbung, oder geht er unter? Kurze Zeit später kam die zweite Bestellung und bald wird er es wohl der ganzen Hotelgruppe vorstellen, um sie von Obsttellern zu befreien.

Weltkulturerbe Zeche Zollverein

Es kam die Zeit, den neuen Vorstand der Stiftung Zollverein Prof. Dr. Noll zum Marktsingen einzuladen. Er freute sich sehr über die Einladung und sagte sofort zu. Bei einem gemeinsamen Telefonat kam es mir gar nicht so vor, als dass ich mit einem Professor Doktor spreche. Es war eher der Freund von nebenan, oder der Fußballkollege früherer Tage. Auch beim Marktsingen gab er sich ganz volksnah. Zum Abschied bekam er für sich und seine Frau eine Tüte mit jener hervorragenden Amaretti. Ich gebe zu, es war nicht ohne Hintergedanken, denn ich wusste, das der Zeche Zollverein noch ein typisches Gebäck aus Essen fehlt.

Ich brauchte also nur abzuwarten, was passiert. An einem Abend mit dem Marketingclub hatte ich ihn endlich. Wir sprachen vor seinem Vortrag lange wie alte Freunde miteinander und verständigten uns auf einen Termin im April in seinem Hause. Der April kam und der Termin dauerte nicht mehr als eine halbe Stunde, bis klar war, dass meine Amaretti in Bio-Qualität neuer Merchandisingartikel des Weltkulturerbes Zollverein wird.

Weltkulturerbe Zollverein und Hermanns Amaretti, passt doch wie die Faust aufs Auge, dachte ich nicht ohne Stolz in meinen Gedanken. Viel höher kann es ja nicht mehr gehen. Jetzt schauen wir noch nach einem schicken Design und einem zündenden Namen und dann kann es losgehen. Ich freue mich schon auf die Vorstellung mit allem Zipp und Zapp. Es wird ein schönes Mitbringsel aus der schönsten Zeche der Welt werden. Ein Andenken zum Aufessen. Die Menschen müssen Zollverein buchstäblich zum „Fressen" gern haben, dann lässt sich die Zahl von

1,5 Millionen Besuchern glatt verdoppeln. Ich bin sehr stolz darauf, daran ein bisschen mitzuwirken. GLÜCK AUF!

Wehmut

Wenn das Berufsleben auf die Zielgerade einbiegt, kommen einem wehmütige Gedanken. Es fallen Geschichten ein, an die man lange nicht mehr gedacht hat. An Karl Künkler, meinem alten Ausbildungsmeister im Betrieb meines Vaters, der, obwohl ich schon 18 Jahre alt war, mir eine Kopfnuss verpasste, wenn ich einen Fehler machte. An meine Lehrlinge (Azubis), an die ich mich gerne erinnere und die ab und zu vorbeikommen, um ihren alten Chef zu besuchen. An Träume und Visionen, die in Erfüllung gingen. Vor allem und das steht im Vordergrund, die vielen Menschen, denen ich begegnen durfte. Ganz nah sind mir die Angestellten, die lange Jahre mit mir durch dick und dünn gingen. Was auch geschah, sie hielten mir die Treue, allen voran Jörg Schommer und Momo Reinhard, mit denen ich mehr als mein halbes Leben zusammenarbeiten durfte. Hierzu fällt mir noch eine kleine Geschichte ein, die ich doch noch loswerden muss. Momo Reinhard kam immer mit seinem Motorrad aus Vogelheim mitten in der Nacht zur Arbeit. Oft war er der Erste. Mister Zuverlässigkeit in Person. Eines Nachts hatte er einen unverschuldeten Unfall. Ein Auto hatte ihm die Vorfahrt genommen und er krachte mit dem Motorrad ins Auto. Er hatte viel Glück, denn er wurde übers Auto geschleudert und dank seiner Motorradkleidung nicht schwer verletzt. Man nahm ihn mit ins Krankenhaus, denn sein Schock saß doch tief. Nach ersten Untersuchungen, die alle nichts Schlimmes ergaben, ließ er den Arzt wissen, dass er jetzt zur Arbeit wolle, denn schließlich wären viele Berliner zu backen. Der Arzt war völlig verdutzt und Momo fuhr mit dem Taxi zum Betrieb.

So sind sie meine Angestellten. Der niedrige Krankenstand und die Betriebstreue lassen darauf schließen, dass alle gerne bei uns arbeiten. Mit Frau Ax, mit der ich so manche Kämpfe hatte, fand ich immer einen Weg. Meine Kinder, die im Betrieb arbeiten und gearbeitet haben und all die anderen, die später dazu kamen.

Alle hatten immer das Vertrauen in mich und dafür möchte ich mich bedanken. Vertrauen ist das wichtigste. Manchmal kam der Lohn in schlechten Zeiten auch mal später, es hat nichts ausgemacht. Bei uns war niemand eine Nummer. Jeder hatte seinen Platz in der Familie des Betriebes Welp. Das machte uns immer aus. Arbeit ist nicht nur dazu da, um Geld zu verdienen, sie hat auch eine soziale Komponente. Sie gibt Sicherheit und Struktur im Alltag. Ich hatte nicht die Ausbildung, um alle Möglichkeiten, die sich mir boten, voll auszuschöpfen. Mein Baby, die Pasta di Mandorla, ist in der Pubertät. Ich bin von ihrem Potential überzeugt und gespannt darauf wie sie erwachsen wird.

Je älter ich werde umso begrenzter fühlt man die Zeit, die einem bleibt. Ich brauche nicht mehr ins Hamsterrad. Gerne erfahre ich Ruhe, lese viel mehr als früher und, schreibe. In früheren Zeiten war ich oft fremdbestimmt, mir blieb häufig gar keine freie Entscheidung. Banken hatten da einen großen Anteil. Ich war oft getrieben. Das ist heute vorbei. Ich lasse mich nicht mehr fremdbestimmen und gehe mit Freuden meinen eigenen Weg, ohne meine Nächsten dabei aus dem Blick zu verlieren. Das macht Spaß und ist ein schönes Leben. Arbeit, die man als solche nicht empfindet, fällt nicht schwer.

Konstanten im Leben

Es gibt für mich einige wenige Termine, die ich immer versuche wahrzunehmen. Einmal ist da die Frühstücksgruppe, bestehend aus alten Essener Freundinnen und Freunden. Es sind fünf Pärchen, von denen drei nicht mehr in Essen wohnen. Wir kennen uns aus der Pfarrjugend zum Teil schon 60 Jahre und haben das ganze Leben miteinander durchlebt. Alle Höhen und Tiefen wurden wenn nötig begleitet. Echte Freundschaften, wie man sie sonst im Leben nur noch selten findet. Die Themen des Lebenskreises fanden sich in den Diskussionen der Jahre. Feiern wie Geburt, Hochzeit, Hauseinweihung oder Geburtstag reihten sich aneinander. Aber auch Krankheiten, Tod der Eltern und weitere Schicksalsschläge wurden gemeinsam besprochen und verarbeitet.

Heute sprechen wir über Renten, Wohnmobile, Enkel und Wohnformen für ältere Menschen. Es ist ein wunderbares Geschenk, einem solchen Kreis anzugehören, in dem bei politischen Themen auch schon mal die Fetzen fliegen. Dies geschieht aber immer mit dem nötigen Respekt dem Anderen gegenüber. Ich hoffe, dass alle noch viele Jahre daran teilnehmen können und gesund bleiben. Der Tag des Treffens ist wirklich zu einer Wohlfühloase geworden. Allen, die daran teilnehmen, ein herzliches Dankeschön.

Ein weiterer Kreis, den ich nennen möchte ist die Weihnachtswandergruppe. Durch meine damalige Frau bin ich der Gruppe zugestoßen. Immer eine Woche vor Heiligabend treffen sich Leute, die allesamt in der schönen Stadt Soest studiert oder gelebt haben. Ich kenne die Truppe schon dreißig Jahre. Treffpunkt ist immer der Wunschort des jeweiligen Scouts, der in einen traditionellem Ritus am Sonntagmorgen beim gemeinsamen Frühstück gewählt wird. Gewandert wird Samstags. Früher waren unsere Strecken 30 Kilometer und länger (wenn wir uns verlaufen hatten). Heute schaffen wir nur noch die Hälfte.

Auch aus diesem Kreis haben uns schon einige liebe Freunde für immer verlassen. Bei unseren Wanderungen gedenken wir jeden einzelnen. Es ist so als würden sie noch unter uns sein. Traditionell bringe ich immer frische Brezel mit, die immer auf dem offiziellen Wanderfoto um den Hals gehängt werden. Während der Wanderung gibt es ausreichend Gelegenheit mit jedem zu sprechen. Das ist eigentlich das Schöne. Wanderung als Teil der Kommunikation. Eine ideale Symbiose. Auch an uns nagt der Zahn der Zeit. Etliche „Ersatzteile" an oder in den Knochen der Leute lassen lange Touren nicht mehr zu. Wir wollen auch keinen zurücklassen und suchen gerade ein neues Format, welches allen gefällt. Die Weihnachtswandertruppe ist für mich zum Bestandteil der Weihnachtszeit geworden. Jedes Jahr freue ich mich aufs neue, diesen Termin wahrnehmen zu können.

Kirche und Glaube

Die katholische Kirche war schon traditionell immer mit dem Handwerk verbunden. Aus vielen Handwerksfamilien stammte der Priesternachwuchs der Katholischen Kirche. Den Verbund konnte man schon an den Öffnungszeiten der Bäckereien am Sonntag ablesen. Erst nach dem Gottesdienst wurde das Geschäft geöffnet. Ähnlich bei den Wirten. Auch da begann der Frühschoppen nach der Messe. Manchmal schaute auch der Pfarrer vorbei, wenn die Haushälterin das Essen noch nicht fertig hatte. Meine Mutter und mein Vater waren sehr stolz auf ihren Sohn, der Priester wurde. Das ergab Anerkennung bei der Verwandtschaft.

Ich kenne keinen zweiten Pastor Welp und so war es doch etwas besonderes. Heute steht die Kirche hart in der Kritik und das zu Recht. Meine Messdienerzeit war von Gehorsam gegenüber dem Geistlichen geprägt. Später als junger Erwachsener entstand dann auch bei mir ein kritischer Umgang mit der Kirche. Gleichwohl hielt ich die mich begleitende rote Linie im Auge und wich möglichst selten davon ab.

Diese rote Linie gab mir Orientierung in meinem Leben und ist mir heute noch wichtig. Oft stand ich meinem Bruder kritisch gegenüber. Er hatte zweifellos die Gabe Menschen zu fesseln. Ihm war auch die schauspielerische Gabe nicht unbekannt. Oft dachte ich mir, dass kann für diesen Beruf doch nicht reichen. Heute gehe ich damit ganz entspannt um. Ich sehe, dass er mit dem Outing, seit Jahren eine Freundin an seiner Seite zu haben, es sehr ernst nimmt. Priester vereinsamen im Zölibat. Wenn sich am Abend die Türe schließt und es ist niemand da mit dem man seinen Tag besprechen kann, so führt das zu einem Gefühl der Vereinsamung, denen sich nur wenige entziehen können. Gerade in der heutigen Zeit brauchen wir ausgeglichene Geistliche, die nicht den kruden Vorstellungen der Vergangenheit nachhängen. Mein Bruder ist sehr viel offener geworden. Mit großer Freude verkündet er seinen Glauben und so soll es sein. Es muss ein Ruck durch die christlichen Kirchen gehen, damit die Freude am Christsein wieder wächst.

Von den alten Männern in Rom ist nicht viel mehr zu erwarten als Standesdünkel und Machtkämpfe. Wenn ich sehe wie meine Kirche mit geschiedenen Eheleuten, Lesben, Homosexuellen, den gleichgeschlechtlichen Partnerschaften, dem Zölibat und dem Missbrauchskandal umgeht, so kommt mir das kalte Grauen. Ich bin nicht allein mit meinem Wunsch nach Veränderung. Langsam bilden sich Allianzen, die nach vorne gehen. Auftreten statt Austreten ist der Weg, den ich für mich gewählt habe. Aufbruch entsteht von unten. Da bin ich dabei und das ist mir wichtig. Werte zu vermitteln ist notwendiger den je und der größte ist die Liebe. Religion ohne Liebe führt in den Fanatismus. Sinnentleert die christlichen Feiertage als freie Tage zu begehen, um nach Holland einkaufen zu fahren, ist mir zuwider. Das Osterfest ist mir als Zeichen deshalb wichtig, weil es verkündet, dass der Tod nicht das Letzte ist, sondern der Aufbruch in eine neue spannende Zeit, gleich der Geburt eines Menschen. Die evangelische Theologin Margot Käßmann hat einmal gesagt: „Man kann nicht tiefer fallen als in Gottes Hand." Darin spricht so viel Zuversicht und Optimismus. So wurde der Satz mir zu einem der wichtigsten in meinem Leben. Der Tod hat bei mir nicht das letzte Wort. Darum lebe ich gerne und wenn es Zeit wird, gehe ich auch gerne.

Letztendlich ist es so, dass wir immer nur über 50% der Wirklichkeit reden. Der Rest bleibt uns verborgen. Kein Theologe, kein Wissenschaftler und kein Rabbi oder Imam wissen um die Wirklichkeit im Glauben. Keiner konnte bisher davon berichten, wie es nach dem Tod ist. Wir glauben ohne zu wissen. Ein 50:50-Spiel ist dieser Glaube, egal ob man christlich, jüdisch, islamistisch oder sogar Atheist ist. Ob es nach dem Tod mal so wird, wie es uns die theistischen Religionen prophezeien, kann immer nur höchstens zu 50% Wahr sein. Ich vergleiche es mit dem Überqueren einer vielbefahrenen Straße. Wenn man weiß, man wird zu 50% überfahren, wer traut sich da noch freiwillig rüberzulaufen? Die ganz bequemen bleiben da wo sie sind und riskieren nichts. Die, die das Leben fordern, sich kritisch auseinandersetzen wollen, es anpacken, die gehen 'rüber. Es sind die Menschen, die die andere Seite der Straße erreichen. Jeder kann sich selbst prüfen, wie er es für sich hält.

Dieser kleine Absatz über Kirche, Religion und Glauben war mir an dieser Stelle noch wichtig.

Ende

Am Ende dieser Geschichten, möchte ich allen danken, die zum Gelingen dieses Buches beigetragen haben. Ich danke den Menschen, die mich auf meinem Weg bisher begleitet haben. Manchmal war die Strecke kurz und manchmal lang. Das Leben ist wie eine Reise mit dem Zug. Es steigen Leute ein und aus. Manche bleiben einem für immer in Erinnerung und im Herzen. Der Zug hat den Bahnhof des Lebens noch nicht erreicht. Wer weiß welche Haltestellen er noch für mich vorgesehen hat. Ich jedenfalls freue mich auf jede einzelne.

Die noch ausstehende Zeit soll in meinem Sinne gefüllt werden. Menschen spielen da die wichtigste Rolle – Gott sei Dank.

ENDE

Besonderen Dank gilt den Menschen, die geholfen haben meinen Wunsch ein Buch zu schreiben tatkräftig unterstützt haben. In erster Linie Ulrich Ross, Wolfgang Hollender und meiner Tochter Nicola, die Fehler ausbügelten. C. D. Grabner, der mir Mut zum Buch zusprach, Gerd Lorenzen für die Auswahl seiner Bilder und natürlich meiner Frau Nicole, die an den langen Abenden auf mich verzichten musste. Last but not least meinem Freund Christian Stratmann, dem Prinzipal des Mondpalastes, für sein gelungenes Vorwort.

Die historischen Fotos sind aus dem Familienarchiv und tragen keinen Fotografennnamen.

Die aktuellen Fotos sind von Gerd Lorenzen.

Die Illustrationen stammen von Doro Ostgathe.

Die Noten des Steigerliedes stammen aus Wikipedia und sind automatisch gesetzt.

Hier noch der Text, der mich mein Leben hindurch begleitet hat. Als Hommage an die Menschen, die Deutschland durch harte Arbeit wieder aufgebaut haben. Sie waren es, die mir ein schönes Leben voller Chancen und Perspektiven geschenkt haben und die ich Kumpel nennen darf. Heute ist dieses Lied die Hymne unseres Marktsingens und wird jedes Mal gesungen.

Steigerlied

Glück auf, Glück auf! Der Steiger kommt,
und er hat sein helles Licht bei der Nacht,
und er hat sein helles Licht bei der Nacht
schon angezündt, schon angezündt.

Hat's angezündt, 's wirft seinen Schein,
und damit so fahren wir bei der Nacht,
und damit so fahren wir bei der Nacht
ins Bergwerk ein, ins Bergwerk ein.

Ins Bergwerk ein, wo die Bergleut' sein,
die da graben das Silber und das Gold bei der Nacht,
die da graben das Silber und das Gold bei der Nacht
aus Felsgestein, aus Felsgestein.

Aus Felsgestein, graben sie das Gold.
Doch dem schwarzbraunen Mägdelein bei der Nacht,
doch dem schwarzbraunen Mägdelein bei der Nacht
dem sein sie hold, dem sein sie hold.
Ade, Ade! Herzliebste mein!
Und da drunten im tiefen, finstren Schacht bei der Nacht,
und da drunten im tiefen, finstren Schacht bei der Nacht,
da denk ich dein, da denk ich dein.
Und kehr' ich heim zur Liebsten mein,
dann erschallet des Bergmanns Gruß bei der Nacht,
dann erschallet des Bergmanns Gruß bei der Nacht:
Glück auf, Glück auf! Glück auf, Glück auf!
Wir Bergleut' sein, kreuzbrave Leut',
denn wir tragen das Leder vor dem Arsch bei der Nacht,
denn wir tragen das Leder vor dem Arsch bei der Nacht
und saufen Schnaps, und saufen Schnaps!

Der Autor

Hermann Welp, Bäckermeister, geb. 1954, verheiratet, 5 Kinder, lebt in Essen und ist Inhaber einer Bäckerei mit italienischer Ausrichtung. Das Unternehmen führt nur ein Ladengeschäft und ist im Bio-Großhandel vertreten. Außerdem werden große namhafte Label bedient, die dafür sorgten, dass die Marke Pane & Dolci auch über die Grenzen Deutschlands bekannt wurde. Welp beschreibt die schlaue Positionierung seiner Bäckerei im Haifischbecken der Filialisten und Industriebäcker. Darüber hinaus beschreibt er in anschaulicher Form sein großes Hobby, den Wochenmarkt. Auch da spielt Marketing eine große Rolle. Von Märkten in Essen, Bochum, Düsseldorf, Krefeld und Moers erzählt er authentisch Anekdoten mit witzigen bis hinzu ernsten Inhalten, die den Leser manchmal staunend zurücklassen.

Hermann Welp ist mehrfach ausgezeichnet. Neben den Auszeichnungen der Bäckerinnung für zahlreiche Produkte wurde er 2008 zu den 100 innovativsten Unternehmen in Deutschland gewählt und vom ehemaligen Ministerpräsidenten von Baden-Würtemberg Lothar Späth ausgezeichnet. Ab 2013 zählte er jedesmal zu den besten Bäckereien Deutschlands im Gourmetmagazin „Der Feinschmecker". Im Jahre 2016 gewann er den Marketingpreis für Unternehmen in der MEO[1]-Region, den „Tacken". Einladungen von bedeutenden Herstellern zu Kongressen und Vorträgen bestimmen seitdem den Terminkalender des Bäckermeisters. So wurde er von Dr. Hermann Bühlbecker, dem Lambertz-Chef, zur persönlichen Werks-

---
1   MEO: Die Region Mühlheim-Essen-Oberhausen

besichtigung eingeladen. Auch er wollte den Erfinder einer völlig neuen Gebäckart im Bio-Segment kennenlernen.

Erzählt wird zudem die Geschichte einer kleinen Bäckerei durch die Zeit seit 1911. Zwei Weltkriege, den Aufbau Deutschlands und das Wirtschaftswunder erzählt er anschaulich. Die Geschäftsübernahme, die Euroeinführung und das Bäckereisterben in den letzten 30 Jahren werden thematisiert. Ein Buch für den interessierten Leser, aber auch für jeden, der Bäckereien nur vom Einkauf kennt. Menschen, die das Markterleben lieben, kommen auf den Geschmack.

Hermann Welp, Bäckermeister, geb. 1954, verheiratet, 5 Kinder, lebt in Essen und ist Inhaber einer Bäckerei mit italienischer Ausrichtung. Das Unternehmen führt nur ein Ladengeschäft und ist im Bio-Großhandel vertreten. Außerdem bedient er große, namhafte Label, die dafür sorgten, dass die Marke „Pane & Dolci" auch über die Grenzen Deutschlands bekannt wurde. Welp beschreibt die schlaue Positionierung seiner Bäckerei im Haifischbecken der Filialisten und Industriebäcker. Darüber hinaus beschreibt er in anschaulicher Form sein großes Hobby, den Wochenmarkt. Auch da spielt Marketing eine große Rolle. Von Märkten in Essen, Bochum, Düsseldorf, Krefeld und Moers erzählt er authentisch Anekdoten mit witzigen bis hinzu ernsten Inhalten, die den Leser manchmal staunend zurücklassen.

(Bild: Gerd Lorenzen)